「ゆとり」批判はどうつくられたのか

世代論を解きほぐす

佐藤博志
岡本智周

太郎次郎社エディタス

「ゆとり」批判はどうつくられたのか

世代論を解きほぐす

目次

【第2章】「ゆとり」批判の政治性

岡本智周

【第4章】「ゆとり教育」の正体 ◎ 佐藤博志

【対談】

はじめに「ゆとり世代」と呼んでほしくない

若者の叫び――大学教育の現場から

二〇一三年五月、テレビで、ある女性の芸能人が「私、携帯電話手放せないんです」と言っていました。レポーターが「なぜですか」と聞いたところ、「ゆとり世代なので」と答えました。これを見て、筆者は驚きました。なぜなら、「ゆとり世代」はネガティブな響きをもつ言葉のはずだからです。「ゆとり世代」という嫌な言葉を逆手にとって、冗談交じりに応えたのでしょう。このように、「ゆとり世代」という言葉は、使われ方に広がりが出てきています。それだけ「ゆとり世代」という言葉が定着してきたともいえます。言葉の使われ方は微妙に変化するものです。

筆者は、この日から、「ゆとり世代」という言葉が気になりはじめました。五月二十四日の大学一年生対象の授業（筑波大学人間学群、約百十名受講）で、「ゆとり教育、ゆとり世代」についてグループ・ディスカッションをおこないました。「しなければよかった」が、率直な感想です。まず、黒板に「ゆとり教育、ゆとり世代」と書いただけで、

「エーッ」という声があがりました。ディスカッションでは、「ゆとり」と一概に呼ばれることへの不満、不公平感、アルバイト先で上司に「ゆとり世代」と悪意をもって言われたなどの経験談が展開され、感情をあらわにして議論した学生もいました。ディスカッション終了後も学生たちは、不満や納得のいかなさを表情に浮かべていました。

この授業では、出席カードの裏に感想を書いてもらっていました。授業終了後、学生の授業の感想を読んで、ホッとしました。「身近な話題で真剣に議論できた」「とても楽しかった」「もっと知識を身につけなければ」のような感想が九割だったからです。なかには、「議論のできるこの大学に入ってよかったと思った」という感想もありました。しかし、筆者のなかには疑問が残りました。

「ゆとり世代」という呼び方は正しいのでしょうか、次世代バッシングではないのでしょうか。「ゆとり」の意味を吟味しないまま、安易に使っていないでしょうか。次世代の元気がなくなるようなことをなぜ平気でするのでしょうか。

「ゆとり」批判を検証する――本書の目的と構成

本書は、「ゆとり世代」という呼び方を、次世代バッシングの一つになりかねないものととらえ、「ゆとり世代」「ゆとり教育」の位置づけや呼び方の妥当性を再検討することを目的としています。そして、私たちの認識枠組み（ものの見方）を変えることによって、若者も、子どもも大人も、もっと生きやすくなることを意図しています。

一九八七年四月二日から二〇〇四年四月一日生まれの人たちが、いわゆるゆとり教育（一九九八年小中学校学習指導要領改訂、二〇〇二年度実施）（一九九九年高等学校学習指導要領改訂、二〇〇三年度実施）で学んだ経験があるため、広い意味で「ゆとり世代」と呼ばれます。

現行学習指導要領（二〇〇八年小中学校学習指導要領改訂、小学校で二〇一一年度実施、中学校二〇一二年度実施）（二〇〇九年高等学校学習指導要領改訂、二〇一三年度実施）によって、直ちに「ゆとり世代」が学校からいなくなるわけではありません。小学校一年生から新しい学習指導要領を学んだ人たち、すなわち、今年（二〇一四年度）の小学校四年生が、「ゆとり世代」とはいえない最初の世代なのです。

このように、「ゆとり世代」の人口は大きなかたまりです。しかも、彼らは、これからの日本社会の中核を担っていきます。「ゆとり世代」と見下すのではなく、彼らの可能性を開くことこそが、社会全体の可能性を高めると考えます。

第1章では、社会のなかでの「ゆとり」という言葉の使われ方と特徴について論じます。新聞で「ゆとり世代」という言葉がどのように使われてきたのか、「ゆとり世代」と一括りすることによって、どのような影響があるのかを論じます。

第2章では、「ゆとり」批判の政治性にアプローチします。そして、歴史教科書を素材に、「ゆとり教育」による教育内容の「変化」を検討します。

第3章・第4章では、「ゆとり世代」という言葉の起源である「ゆとり教育」についての検討します。「ゆとり教育」という呼び方は正しいのか、一九九八年改訂の学習指導要領は学力低下を本当に招いたのか、などについて論じます。さらに、「ゆとり教育」「ゆとり世代」に象徴される世代言説から自由になるために、「世代フリー」概念を提示します。

執筆に先立って、若者世代を中心に座談会をおこないました。参加者は、おもに筑波大学の学生たちです。第2章と第3章のあいだに収録した座談の記録を読むことによって、この問題をめぐる当事者の声を知ることができます。一九九〇年前後生まれの「ゆとり世代」と呼ばれてきた七名を中心に、そのすぐ上の世代、親世代、本書の筆者二人も交えて、多面的に議論が展開するようにしました。

［座談会参加者］――赤池さん（学部生）、池本さん（学部生）、小泉さん（高等学校教員・卒業生）、坂口さん（院生）、長さん（院生）、富田さん（院生）、元谷さん（元高等学校教員）、安田さん（院生）、山田さん（院生）。

巻末には、筆者二名による対談を収録しました。話は世代論から共生社会へと広がり、「ゆとり」をめぐる問題の幅広さを確かめることができました。

本書が、日本の社会をつくっていく若い世代の可能性を開く一助となることを願っています。

二〇一四年秋

佐藤博志

第1章

朝日新聞にみる「ゆとり」言説の変遷

岡本智周

二〇一二年版ＰＩＳＡの報じられ方

「脱ゆとり成果」報道

二〇一三年の十二月三日、経済協力開発機構（ＯＥＣＤ）がおこなう学習到達度調査（ＰＩＳＡ）の最新の結果が公表されました。

二〇一二年に世界の六十五の国や地域で、十五歳の子どもたちを対象におこなわれたこの国際学力調査では、「読解力」「数学的リテラシー」「科学的リテラシー」の全分野で日本の生徒たちの平均点が上昇し、国・地域別の順位も上がったそうです。ＰＩＳＡは二〇〇〇年に始まり、以来三年ごとに実施されていますが、「ＰＩＳＡ型学力」と呼ばれるものへの対応が日本の学校に浸透してきた結果だと受けとることができるでしょう。

この結果は、日本のマスメディアでは「脱ゆとり」の教育施策の成果として報道されました。たとえば読売新聞は、二〇一三年十二月四日朝刊の一面記事「日本の学力　回復鮮明」に「国際調査、『脱ゆとり』成果」と見出しを入れ、「文部科学省は、『脱ゆとり教育』を掲げた新学習指導要領などの成果と分析している」と報じました。三面の社説も、「『脱ゆとり』が生んだＶ字回復」という見出しのもとに、『脱ゆとり』教育によって、学力がＶ字回復を果たした。

教育施策を見直した効果が表れたものと言えるだろう」と書き始められました。

同日の他紙でも同様でした。日本経済新聞の一面記事では、「学力　脱ゆとり効果」という見出しのもとで「ゆとり教育を転換し、学力重視を鮮明にした効果が現れたといえる」と説明され、産経新聞では一面記事で「『脱ゆとり路線』の成果が着実に表れた結果となった」と示されたうえで、三面の記事に「脱ゆとり　成果」「レベル維持し教育再生」という見出しが並びました。

朝日新聞でも、学習指導要領の改訂や少人数教育などの取り組みの効果だとする文部科学省の見解を軸にしてこの事実が伝えられました（同日朝刊三十七面）。「いわゆる『ゆとり教育』から脱却し、確かな学力を育成する取り組みが功を奏した」という文部科学大臣のコメントが紹介されています。そしてそこでも、「『脱ゆとり・少人数指導が要因』」という言葉が、カギカッコつきではありますが、やはり見出しに掲げられました。

もちろん、これらの記事のなかではさまざまな論点が押さえられているわけですが、見出しで伝えられる印象には一定の方向性があったといえるでしょう。

毎日新聞と東京新聞では「脱ゆとり」という言葉が見出しにはなりませんでしたが（そして、「『ＰＩＳＡ型学力』浸透」とする毎日新聞社会面での見出しは他と異なる印象を与えるものではありましたが）、これらの記事でも少人数教育、全国学力テストの結果の活用、新学習指導要領といった「この十年の国を挙げての学力向上策」の成果だとする文部科学省の説明は記事の軸にされています（毎日新聞二〇一三年十二月四日、朝刊二面・二十八面。東京新聞・同日朝刊三面）。

このような提示の仕方からは、文部科学省およびこれらの新聞が主張しようとしていることが、「ゆとり教育の見直しによって、ＰＩＳＡの点数が上昇した」という因果関係であることがうかがえます。「ゆとり教育」は見直されるべきものであり、実際にそれが克服されたことによって、子どもたちの学びによりよい作用が生じた、というわけです。

「ゆとり教育」世代が受けていたＰＩＳＡ

しかし、もう少し具体的に、細やかに事態を見つめてみると、「ゆとり教育からの脱却」はそう一面的な話でもないようです。国立教育政策研究所がホームページ上で公開している情報によれば、今回の国際学力調査は二〇一二年六月・七月におこなわれています。対象となったのは、「高等学校本科の全日制学科、定時制学科、中等教育学校後期課程、高等専門学校」の一年生で、「これは十五歳児に関する国際定義に従って」のことだそうです。つまり、二〇一二年度に高校一年生である学年が、この調査の対象となっています。該当するおよそ百十九万人を母集団として、そのなかから抽出された約六千四百人が、実際の調査を受けることとなりました。

この学年の生徒たちのことを、もう少し具体的に見てみたいと思います。

二〇一二年度に高校一年生だということは、生まれたのは一九九六年度です。彼らは、二〇〇三年度に小学校に上がりました。学習内容と授業時間数を削減した一九九八年版の学習指導要領は、彼らの小学校入学の前年の二〇〇二年に実施されました（ここからしばらくは、第1章と第2章のあいだの年表を見ながら、確認していただきたいと思います）。「総合的な学習の時間」が新設され、学校週五日制も完全実施されています。いわゆる「ゆとり教育」と呼ばれるようになった教育を、一九九六年度生まれの子どもたちは小学校入学のときから受けてきたことになります。

もちろん、一九九八年版の学習指導要領に対しては、それが実施されるまえから「学力低下」を危惧する立場からの批判が起こり、それに対応すべく二〇〇三年十二月に部分改訂がおこなわれました。学習指導要領は最低限の基準であるとし、そこに記されていない事柄も発展的内容として扱ってかまわないとしたのが、その主旨です。この事実をもって、「ゆとり教育」の部分的見直しが二〇〇三年に始まったといわれることもありますが、学校教育の基調はその前年に変わったばかりであり、もしこれが「見直し」だというならば、「ゆとり教育」は実体としては学校教育の現場にはほとんど存在しなかったことになるでしょう。

ともあれ、一九九六年度生まれの子どもたちは二〇〇九年度に中学校に進学します。前年の二〇〇八年にまた学習指導要領の改訂があり、授業の時間数を増やすなどといった点で、見直しがありました。しかし二〇〇八年版学習指導要領の完全実施は、中学校においては、一九九六年度生まれの生徒たちが卒業したあとの二〇一二年度からです。二〇〇九年度の時点では、数学・理科などで教育内容の見直しが一部前倒しで進められましたが、学校教育の基調は二〇〇二年以来のものが継続していました。

高校教育についても同様のことがいえます。二〇〇九年に改訂された高等学校学習指導要領の内容に完全移行するのは二〇一三年度からであり、一九九六年度生まれの子どもたちが高校生になった二〇一二年度は、その前年でした。数学・理科などで見直しが一部先行実施されましたが、やはり教育内容の大きな変化の以前に、彼らは高校生になったことになります。

こうしてみると、一九九六年度生まれの彼らが対象となった二〇一二年度のPISAの結果をもちだして、「脱ゆとり」の教育が功を奏したと表現することには、いささか無理があることがわかってきます。彼らが小学校入学以来すごしてきた学習の場の基本的な性質を照らしあわせたならば、彼らが示した「学力の向上傾向」は、むしろ「ゆとり教育」と呼ばれるものによってもたらされたと解釈することもできるからです。

何を「ゆとり」と呼んでいるのか

さらにまた、いったい「ゆとり教育」とは何のことを指すのか、実際にはきわめてあいまいだということもわかってきます。一九九八年版の学習指導要領の内容が「ゆとり教育」の最たるものとして批判の標的になることが多いわけですが、それは実施に移されるまえから批判され、また、始まったとたんに見直されたものでした。他方で、二〇〇八年版の学習指導要領は「脱ゆとり」の教育にシフトしたと表現されもしますが、実際には以前の要領と変わらない共通点をもっています。そもそも学校教育における「ゆとり」の必要性は一九七〇年代から議論されはじめていたのであり、「ゆとり教育」への転換の起源は、一九七七年版の学習指導要領や、一九八九年版の学習指導要領に求められることもあります。

私たちはなんとなく、「ゆとり教育」を受けた人びとのことをひとまとめにして「ゆとり世代」と呼ぼうとしますが、そもそもの「ゆとり教育」が、じつは実体を確定しにくいものです。もともと目指された意味での教育における「ゆとり」を十全に受けとった人びとは、実際のところはいないことになりますし、逆に、詰め込み型の教育に対して相対的に「ゆとり」をもった教育を受けたという意味であるならば、もっと上の年齢層の人びとも含めて「ゆとり世代」と呼ばれなければなりません。

さらにまた、「ゆとり」というもの自体への社会からの評価がつねに変化しているという事情があります。「ゆとり」がなんらかのネガティブな含意をもって受けとられる時期がある一方で、まったく反対のポジティブなイメージを帯びて、社会的に求められた時期もありました。「学力の向上傾向」が「ゆとり教育」を見直したことによってもたらされたのか、それとも逆に、まさにその効果によってもたらされたのかは、その時々の社会状況のなかでどちらにも解釈することが可能です。

八〇年代からの「ゆとり」言説

それでは、「ゆとり」に対する社会の側の構えの変化を、ざっとたどってみましょう。

ここでは試みに、朝日新聞の記事検索サービス「聞蔵IIビジュアル」を使って、同紙の社説のなかで、「ゆとり」がどのように評価されてきたのかを見てみたいと思います。朝日新聞をとりあげることについては、任意の観察対象という以上の他意はありません。ある新聞にはその会社の方針といったものがあり、それが紙面の特徴にもなっています。しかし一定の特徴をもつ媒体のなかでも、時期が変われば、報じられる事柄や、出来事のとらえられ方が変わります。そうした変化に、「ゆとり」に対する社会の側の評価の移り変わりを見出していきたいと思います。

夢や理想と地続きだった「ゆとり」

古い朝日新聞の社説では、ずいぶんと「ゆとり」が希求されています。

一九八〇年代半ばには、たとえば「税の不公平は、国民がいだく不満ナンバーワンである。働きバチたちは、不公平な税金や重くなる社会保険料に加えて、教育費、住宅ローンの重圧にあえぎ、ゆとりの乏しい日々を送っている。長くなった老後に不安を感じて落ち着けぬ人たちもふえている」（八四年十二月三十日・朝刊五面）、「意識でなく生活の具体的な中身になると、ゆとりある暮らしには遠い。『自分を世間並み』と答えた世帯の二割強が、残業収入がなければ暮らせず、四割近い世帯では妻も働いている。六三％が住宅ローンの返済中で、家の広さは全国平均より狭い。預貯金も勤労者の平均額をかなり下回っている」（八五年一月十九日・朝刊五面）といった問題提起がさかんにおこなわれました。

そのためにこの時期、たとえば「国公有地活用と町づくり」については「自治体が活用策を考える時間的、財政的ゆとり」が必要であり、「マイホームづくり」については「長期的な計画にそって息長く取り組む」ゆとりが、「心の健やかさ」のためには「気持ちにゆとり」が、必要だと論じられています（それぞれ、八四年八月三十一日・朝刊五面、八四年十二月八日・朝刊五面、八五年十月二日・朝刊五面）。

「『成熟の時代』の暮らし」を考えるにあたっては、「中身の充実、十分な発展、ゆとり、落ち着き」といったイメージが掲げられ、「私たち国民は、自由で多様な生き方といっても、目先の『私』の利益だけに目を奪われてはなるまい。『官』に頼るだけでもいけない。『公』のために、つまり国民全体の暮らしをよくするという、より高い社会目標のために、自主的に力を出し合い、時には犠牲も払う覚悟がいる」ということが呼びかけられました（八五年十一月二日・朝刊五面）。一九八〇年代の社会では、一定の豊かさが得られたあとに、それを確定するための課題として「ゆとり」が提唱されたといえます。

そうした理想は、つぎのような「二十一世紀の東京」のイメージに結実されます。

過去二十年、あるいは三十年の発展ぶりを振り返れば想像のつくことだが、順調に行けば科学技術の進歩と相まって、東京は相当な変わりようだろう。東京湾上を含めて交通網が開け、通勤や通学も苦にならない。資産倍増か三倍増かは別として、人びとの生活はぐんとゆとりを増しているかもしれない。（八四年九月十七日・朝刊五面）

もちろん、論説のなかではこのイメージが「楽観的予想であって、不幸にして核戦争や重大な国際紛争が身近に起これば、この夢は消える」といった留保がつけられています。しかしながら社会的な夢や理想が設定されるポイントとして、一九八〇年代の日本では「ゆとり」が論ずべき重要な対象であったことは記憶しておく必要があります。

「働き方を見直し、欧米なみのゆとりある暮らしを」

そして「ゆとり」を獲得するために設定されたさらに具体的な論点が、労働時間の問題でした。日本の平均的な労働者の週当たりの労働時間の長さが欧米との比較で論じられたり（八五年十二月二十三日・朝刊五面）、「人生八十年という長寿時代」を前提とした発想の転換が、「がむしゃらに働く『会社人間』的な生き方」をしてきた中高年に向けて求められたりしました（八六年六月二十五日・朝刊五面）。

「生活の質を見つめ直そう」と題する論説では、欧米社会と比較して賃金がトップクラスになったにもかかわらず割高なままになっている生活費に注意が喚起され、労働のあり方の問題が言及されていきます。

> 働き方についても、やはり再検討の余地はある。先進国の中で労働時間だけは別とは参るまい。先月は政府提唱の「ゆとり創造月間」だったが、まだ二割ほども長い年間実労働時間をなんとか短くしたい。
>
> （八六年十二月二日・朝刊五面）

「欧米の都市にくらべると東京はじめわが国の都市の多くは、『風情』と『ゆとり』にいちじるしく欠けているのではなかろうか」（八七年八月十七日・朝刊五面）、「早く週休二日を広げ、有給休暇を残さず取りきり、欧米なみのゆとりある暮らしを実現する必要があろう」（八七年九月十二日・朝刊五面）、「欧米なみの生活をめざすなら、職場での時間を短くし、家庭生活にゆとりをもたらす方向に歩み出さざるを得ぬ。実際には労働時間の短縮要求は、まだスローガン的なものが多い」（八七年十二月九日・朝刊五面）という要請は、バブル経済の時代と呼ばれる好況期を迎えるなかで、日本社会の現状を見つめ、とらえ直すための標準的な語り口になっていきました。

「ゆとり」の達成は、高度経済成長を遂げたあとのつぎなる重要な社会的課題として、求められたのでした。

求められた「ゆとりある教育」

「学校教育を見直し、子どもの生活にゆとりを」

学校教育に「ゆとり」をもたらすことも、こういった社会的要請の一環に位置づけられるものでした。朝日新聞の社説を時系列的に見ていくと、やはり一九八〇年代から二つの方向でこの議論が展開されているのがわかります。

第一には、日本社会での労働や生活のあり方を見直すために、学校という場での週休二日制が重要な意義をもつという論点です。たとえば一九八七年の社説「週休二日と官庁の役割」では、「ゆとりある暮らしへ向けて」労働時間を短くするために、大企業のみならず中小企業にも、また官庁や金融機関にも、週休二日制が広まることが期待されています。そしてその文脈に、時期尚早と留保されながらも、学校の週五日制が含まれていました。

「賛否いろいろあろうが、欧米なみの五日制をめざし歩み出すべき時が来ているように思う。まず月一回か二回の土曜休校を各地で実験校を選び試行してみてはどうか」と提案するこの論説では、授業を減らしたとしてもそれに余りあるメリットが、「子どもたちの生活のゆとり」「親子の触れ合い」「地域活動の機会」「奉仕活動を重視した社会的な仕組みをつくりあげること」にはあるのだとする論理が示されています。また週休二日が定着することで、「会社中心に傾きがちな働くおとなの暮らしを、地域社会や文化活動にも広げてゆく」可能性があることが論じられています（八七年四月五日・朝刊五面）。

第二の論点は、学校教育の内側にある問題を、学校での子どもたちの生活の余裕のなさと関連させて論じ、「ゆとり」に活路を見出すというものです。「いじめ」や「受験地獄」の息苦しさを、学校の仕組みを変化させることによってなんとかできないか、という提案がなされました。以下のような一節は、この時代に求められたものが何であったのかを、よく伝えています。

子どもにとっての社会生活が営まれる学校は、もっぱら学力競争の場となっていて、じっくりと人間的成長をとげさせるゆとりを失っている。同級生同士の間でも常に能力差が意識され、最近はクラブ活動の奨励の中から先輩、後輩の上下関係が異常に重視されている傾向もある。／こうした状況の中で追いつめられても、子どもたち自身ではどうすることもできない。親や教師でさえも、個々の力では打ち破ることは難しい大きな流れである。

（八四年十一月十三日・朝刊五面）

さらにまた、生涯学習の推進という文脈でも、学校教育そのものに「ゆとり」をもたせようとする主張が見られました。そこでは、老後や余暇の活動としての生涯学習のみならず、人が職業と学業を往復しながらより長い期間をかけて学ぶことの意義が論じられました。「学校教育、とくに大学教育を受ける時期および期間をもっと自由に選べるようにすることも、今後の重要な課題」であり、それは時間的にも経済的にももっともゆとりのない中年世代の、親としての教育費負担の軽減にもなるとしています（八四年十一月十日・朝刊五面）。若年世代・中年世代それぞれの労働のあり方と、教育制度とは、強い関連があることを前提にして議論されていたのです。
そしてこれら二つの論調が合流することによって、学習指導要領の一九八九年改訂に向けられた要請において、学校教育への「ゆとり」の導入という焦点を結ぶことになりました。

「ゆとりのない詰め込み教育からの脱却を」

一九八八年の社説「子どもはガチョウではない」では、文部省が新しい学習指導要領の骨格を公表したことを受けて、「新指導要領は、さまざまな要請を、あれもこれも詰め込んでいる」とコメントしています（八八年七月三十一日・朝刊五面）。学ぶべきことが増えることによって、また、学校週五日制が実現した場合に、子どもたちの負担が重くなることが危惧されており、「ごくふつうの子どもにとって、学ぶべきだとされている内容が、実は荷が重すぎるというあかし」はすでに示されていると述べられました。「十一月に、最終的な指導要領がまとめられる。もっとゆとりのある、具体的にいえば厚さの薄い要領を、めざしてもらいたい」と結ぶこの論説は、「ゆとり」の必要性を子どもたちの日常生活に即した視点から提唱したものだといえます。また、同時期の別の社説では、以下のような認識も示されました。

ゆとりのない、単なる知識の詰め込み教育が、子どもの自由な発想を阻害している。そう指摘されて久しい。五日制は、そうした欠陥をただすよい機会である。のびのびした子どもを取り返すために、土曜の分の授業はこの際、切り捨てるべきだろう。「よく遊べ」の復権ともいえる。

（八八年九月四日・朝刊五面）

こうした論調によって、具体的には学校週五日制と授業時間の見直しが求められました。注目できるのは、このときの議論では、単純に授業時間の削減が叫ばれたのではなく、学ぶ内容の意味や意義についての問い直しが多くなされていたことです。知識重視が結果として「受験技術の特訓」や「入試のテクニックに長じること」を導き、競争のための教育でしかなくなっている――そのような状況と問題が多角的に検討されています。

この議論は一九九〇年代に入ってからも継続されています。一九九一年の社説「学校の役割は何だろう」では、五日制を実現させるにあたって文部省が掲げた「教育水準の維持は図る必要がある」という方針をきわめて明瞭に批判しています。「器は小さくするけれど、中に入る水の量は前と同じにせよ、というのに等しい。父母の気持ちはよくわかるが、いささか無理な注文ではなかろうか」「遊びでもなんでも、子どものころでなければ得られない体験をする。五日制の生み出すゆとりは、それにあてたい」「土曜に子どもに家にいられては親はかなわぬ、との声も自家営業や農業の人たちを中心に聞く。理解はできるが、では、学校は子どもを『預かる』場所なのか」といった展開からは、学校教育がかなり根本的に問い直されていたといえるでしょう（九一年十月十七日・朝刊二面）。

「ゆとりある教育」のあり方を問うた九〇年代

以降の一九九〇年代の社説のうち、タイトルから教育についてのメッセージを理解することができる主だったものを十件ほど列挙してみると、以下のようになります。学校教育における「ゆとり」を実質的なものにすべきこと、そのためにも授業時間数の削減に意味をもたせる必要があることは、一九九〇年代をとおして主張されてきたことが理解できます。

「何が教育を窒息させているか」（九一年四月二十一日・朝刊二面）
「ゆとりある学校五日制へ」（九二年九月六日・朝刊二面）
「教師こそ意識を変えなければ」（九三年一月十四日・朝刊二面）
「『受験ロボット』は悲しい」（九四年八月九日・朝刊五面）
「五日制で学校改革を急ごう」（九六年三月二十三日・朝刊五面）
「学校をスリムにする道」（九六年九月一日・朝刊五面）
「先生にもっと自由を」（九七年一月十六日・朝刊五面）

「子どもたちに時間を」（九七年八月六日・朝刊五面）
「どう生かす『学校の裁量』　中教審答申」（九八年九月二十二日・朝刊五面）
「『総合学習』を生かすには　指導要領」（九八年十一月十九日・朝刊五面）

興味深いのは、「学力低下」を示唆する現象を前にしたさいにも、一九九〇年代には「子どもたちの内から育つ力をいかにして開花させることができるか、を探る」ことが打開の方向性とされていたことです。

一九九七年の社説「ほんとうの学力って何だろう」は、文部省がおこなった学力調査により「考える力の不足」が指摘されたことを受けて、「考える力が弱いのは、いまの子どもたちだけの問題ではない。画一的な知識の手っとり早い一斉注入こそ、日本の教育で明治以来、戦後も変わらぬ伝統である」という現状認識を示しています。中央教育審議会では「考える力」を高めるために「ゆとり」と「生きる力」が議論されていることを伝え、「百年余も身についた習いを本当に変えようとするのであれば、性急に成果を求めてはならない」と結んでいます（九七年十月一日・朝刊五面）。

さらにまた、「ゆとりある教育」を実現するためには、「大学の入り口のあり方」のほうが変わるべきであることも議論されていました（九八年十月二十七日・朝刊五面）。二〇〇二年から実施されることになる学習指導要領が公表された一九九八年を経て、教育の場での「ゆとり」の実現はいっそう強く求められていたことになります。

第3章で見るように、教育評論の領域では一九九〇年代後半から、教育に「ゆとり」を求める考え方を批判する議論がそろそろ力を得てくるわけですが、新聞の論調としてはこの時期にも、学校教育の根本的な「あり方」に関心が向けられていたことは、興味深く、また重要な事実です。

二〇〇二年の急転換

学力低下、総合学習、学びのすすめ

しかし、二十一世紀に入ったころから、新聞報道においても「学力低下」の問題が取り沙汰されるようになります。さまざまな調査の結果が示され、子どもたちの学力が落ちているとする認識がしだいに共有されるようになっていきました。

二〇〇一年の社説「教科か総合かではなく　教研集会」では、日本教職員組合と全日本教職員組合が開催した教育研究集会の内容が伝えられ、二〇〇二年から小中学校で始まる「総合的な学習の時間」が批判されていることがとりあげられています。「総合的な学習にうつつを抜

かすと、学力が落ちる」「教科の授業にあてたい」「教える知識がつながりを失い、落ちこぼれはむしろ増える」という声が紹介されているのが印象的です（二〇〇一年二月三日・朝刊二面）。

なお、朝日新聞の「社説」のなかで「ゆとり教育」という言葉が使われたのは、この記事が初めてのことになります。ここでは、二〇〇一年のこの時点で「読み・書き・算数の力が軽視されてきた」教育が学校にすでに浸透しているとされ、そうした学校教育のことを漠然と「ゆとり教育」と表現しています。一九九八年版学習指導要領に即して二〇〇二年から全面施行となる方針のことを指すのではなく、それよりまえの時期からすでにおこなわれていた教育を広くとらえる言葉であるのが目を引きます。

もっともこの時点では、この社説の論調は新しい教育方針を擁護する側にありました。「だからといって、『総合的な学習の時間』をなくし、知識注入型の授業に戻るというのは、あまりに早計に過ぎる」と表明されたうえで、「総合的な学習の時間」が誕生した背景が解説されます。「社会が激変し、正解の見つけにくい課題が増えている。学ぶ意味が見失われ、関心や意欲が低くなっている。人が人や自然と交わる機会が乏しい。そんな状況は年とともにひどくなっていないか」という、一九九〇年代以来一貫されてきた認識が示されています。『総合的な学習の時間』は授業、教師、学校をひらく可能性をはらんでいる。混乱や失敗も多いだろうが、先生の工夫と熱意に期待したい」と結ぶ点でも、新たな教育理念を徹底させるほうに期待を向ける姿勢が維持されているといえます。

同様の論調は、子どもたちの学習意欲の低下を示す「学習意識調査」の結果が公表されたさいや、文部科学大臣が学力低下批判に応えるかたちで二〇〇二年に「学びのすすめ」を発表したおりにも示されています（それぞれ、二〇〇一年五月十五日・朝刊二面、二〇〇二年一月二十二日・朝刊二面）。教育問題をどうとらえるかという部分で、社説のタイトルにもなっている「揺り戻しではいけない」というメッセージが、この時期にはなお作用していたことになります。

「国の競争力にかかわる問題」――産業界の懸念

論調が変わったのは二〇〇二年の春からです。四月から朝日新聞では「転機の教育」と題する連載を一面で展開するようになり、その第二回目で「国際競争力」という論題を提示しました（二〇〇二年四月七日・朝刊一面）。産業界の要請に応えるべく大学で取り組まれるようになった人材育成や実践的教育を紹介したあとに、「そんな時代に、いわゆる『ゆとり』教育が登場した」と唐突に問題が提起されています。

ここで「ゆとり」教育が意味するのは、「学習内容の三割減による基礎基本の徹底と、問題解決能力を重視した『生きる力』養成を軸にした小中学校の新学習指導要領が土台だ」とされており、この四月に施行されたばかりのものだとわかります。重ねて、「『三割減』が『基礎学力の低下を招く』との懸念は強い。産業界にとっては『国の競争力にかかわる問題』と映る」という印象が述べられるのですが、まだ具体的なことが本格的には始まっていない時点で、「競争の時代と『ゆとり』教育。その教育内容は文字通りの『ゆとり』ではないが、実社会を取り巻く環境と、うまくかみ合っていない」と表現している点については、競争重視のメッセージが先走っているようにも見えます。この記事のなかで、「ゆとり」教育として語られるものが実際のところ何であるのか、その概念規定は見当たりません。

紙面審議会での議論――競争原理をめぐって

こうした論調の急転換は、報道する側にも混乱をもたらしています。同年の「朝日新聞紙面審議会」ではこの点が討議されたことが、六月の記事からわかります（二〇〇二年六月五日・朝刊三十六面）。

ここで審議会委員から、朝日新聞は教育への「競争原理の導入」についての是非をどう考えているのか、という疑問が呈されています。国際的な競争といったレベルだけでなく、個人の進路選択などのあらゆる段階で競争を意識せよと国が国民に迫っていることを問題視しなくてよいのか、といった思いが前提になっているようです。「ゆとり」という言葉の意味を中央官庁が大転換し、諸個人が独自の判断でそれを活用せよとすることで、競争を必然的なものとする意図が示されはじめている、という指摘がなされます。別の審議会委員も、「大きな教育の転機に、どのような方向転換が望ましいのか、どこに焦点を当てて考えるべきか、社説のスタンスが明確でない」と迫っています。

これに対して論説委員は、競争原理が教育に入ってくることについては是々非々であると答えています。「子どもが学校を選べる状況や、学校ごとのさまざまな試みが出てきたことを見れば、競争原理が必要な部分はあると考える」というのがその立場です。そして、社説が重視するのはむしろ「自由」であり、教育のなかに自由さがもちこまれる動きを是としているのだとします。そのためには教育における競争もありえ、学習内容の削減や総合的な学習の時間についても、現場での自由につながるという意味において評価するのだという論理が示されました。

ここが、「ゆとり」のある教育を評価するさいの一つの転轍点になったといえるでしょう。審議会委員の側からは「新学習指導要領が好ましいのであれば、その趣旨をはっきりと社説で書いた方がわかりやすい」「自由であるとか選択肢とかが増すといわれながら、実は、文科省がある方向に導こうとしているという懐疑が、現場の実感だろう」といった指摘が重ねてなされたようですが、その後、連載「教育の転機」では「教育も競争直視しよう」という直截的なメッセージが強められることになります。過去の社説において「ゆとり」が肯定的にとらえられていたことも、「時代」の移り変わりの一環として位置づけられ、相対化されるようになりました（二〇〇二年七月二十二日・朝刊一面）。

その後の朝日新聞社説をたどると、文部科学省がおこなう学力調査の結果に対して、かつてとは異なる見地からのコメントが重ねられているのがわかります。調査される「学力」の意味内容を掘り下げるよりも、「学力低下」という社会的な論題を素朴な前提として議論を展開している印象が強くなるのです。

たとえば、学力の状況は「おおむね良好」とする結果が示されると、「文科省は学力の低下を認めたくないのだろう」と述べられたり（二〇〇二年十二月十四日・朝刊二面）、「勉強が好きだ」「授業がわかる」という回答の増加が示されたりすることについて、「額面通りに受け取るわけにはいかない」とコメントされます（二〇〇五年四月二十三日・朝刊三面）。前回・前々回の結果を比べての上がり下がりが論じられ、「この調査結果だけで、九〇年代から指摘されてきた学力低下の流れが止まったと言えるのだろうか」との指摘がなされます。「教える内容が三割も減ったのに、『授業がわかる』という子の増え方は微々たるものだ。高学年になるほど勉強嫌いが増える傾向も変わっていない」という立場からのコメントは、「教える内容や指導方法をさらに良いものにする」必要を説くことへとつながっていきます。「学力って何だろう」と問い、学びのあり方そのものを考え、提案していたころとは、教育についての観点が変わったことがはっきりとわかります。

そしてその変化のもとで、「ゆとり」についての評価も転換され、特定の世代に対するネガティブな評価がくり返される土台が用意されました。

言説が実体化させた「ゆとり世代」

揺れ動いた世代の定義

ここからは朝日新聞の記事一般をとりあげていきたいと思いますが、「ゆとり世代」という言葉がこの新聞紙上で初めて使われたのは、二〇〇三年の記事でした。それは、かつて流行した「うたごえ喫茶」を公民館によみがえらせたイベントを報じるもので、そこに集う「いま六十代のゆとり世代」の話でした（二〇〇三年六月二十九日・埼玉版朝刊三十七面）。同様に、遺跡の説明会や見学会に集うシニア層や（二〇〇五年十二月二十七日・大阪版夕刊三面）、柳田国男の足跡をたどる「大人の修学旅行」のターゲット層が、この言葉で呼称されています（二〇〇九年六月四日・岩手版朝刊二十二面）。「六十歳以上のゆとりの世代」というものが、これらの記事における「ゆとり世代」の意味でした。

その一方で、この言葉が若い世代を指すようになったのはやはり、教育に「ゆとり」を求めることへの社会的評価が転換され固定化されたころからです。この意味での「ゆとり世代」の初出は、二〇〇五年度の教科書検定の結果を報じた二〇〇六年三月三十日の記事「ゆとり世代へ新教科書　〇五年度検定終了」（朝刊十六面）に求められます。

「発展的な学習」が盛りこまれた教科書が「ちょっぴり厚くなる」ことを説明するこの記事では、二〇〇七年春に高校に入学する「小学校高学年からいまの学習指導要領で学んできた」学年を「ゆとり世代」と表現します（二〇〇二年に改訂学習指導要領実施）。つまり一九九一年度生まれで、小学五年生のときに二〇〇二年度を迎えた学年です。一九九八年版学習指導要領がここでも「ゆとり教育」の根拠とされているわけですが、それ以前の学習指導要領による小学校教育を受けた学年も一括して「ゆとり世代」に含まれていることになります。また逆に、二〇〇三年に学習指導要領の部分改訂があったことをもって「脱ゆとり」になったという認識などは、この時点では示されてはいません。

二〇〇七年四月十四日の記事「学力テスト、高三改善　ゆとり世代『勉強好き』増加」（朝刊一面）では、二〇〇五年秋に高校三年生であった学年が「ゆとり世代」と表現されました。「〇二年度から実施されている現行の学習指導要領で学んだ」ことが「ゆとり教育」を受けたことの根拠とされています。一九八七年度生まれで、二〇〇二年を中学三年生として迎えた彼らが「ゆとり世代」と呼ばれました。しかしながら彼らは、二〇〇三年のＰＩＳＡの対象ともなった学年です。

その結果に言及した二〇〇七年七月八日の記事「学力伸ばす教育とは」（朝刊三面）では、「（学力が）本当に低下したのかははっきりしない。〇三年の調査対象になったのは厳密な意味で、ゆとり教育を受けた世代ではない。ゆとり世代を対象とした文部科学省の学力テストでは、非ゆとり世代より正答率が上がり、『勉強が好き』という答えも増えた」としています。一九八七年度生まれは「厳密な意味でのゆとり世代」ではないというのです。

このように、「ゆとり世代」という概念は実際のところきわめてあいまいなまま社会的言説に入りこむことになりました。いつからいつまでに生まれた世代を指すのかを明確に限定できる概念ではありません。それは、「ゆとり教育」というものを具体的に概念規定できないことに由来しています。ある時期に理想的に掲げられた教育理念をなんとなく頭に思い浮かべ、それが実際にどのていど現実化されたのかは問うこともないまま、その時期に学齢期にあった人びとのことをなんとなく指し示す言葉が、「ゆとり世代」という言葉なのだといえます。

モンスター新入社員という言説

しかし、漠然とした意味のまま、あたかもそのような「世代」が社会的実体として存在するかのように、人びとはその言葉を使うようになりました。

二〇〇八年八月三日に掲載された、単行本『職場を悩ます　ゆとり社員の処方せん』についての書評記事（朝刊十二面）では、「ゆとり社員」なる存在が自明の前提とされていますが、その意味するところは「ゆとり教育を受けた世代の新入社員のこと」とされています。そしてここでも、「ゆとり教育」がいかなる実体を指すのかは示されません。たんなる若者批判が、学校教育に対する漠然としたイメージで色づけされただけのような印象を受けますが、これ以降に若者世代に向けられつづける社会的な負の烙印が、以下のように集約されて示されることとなりました。

〝個性尊重〟の教育の下、携帯電話やネットが当たり前、で育った彼らは、上の世代にとっては理解できない「モンスター」だ。新入社員歓迎会に「僕も参加必須なんですか」と聞いてくる、は序の口。クライアントにメールでドタキャンしたり、部長命令に「私、いま忙しいから、後にしてください」と返したりと、あぜんとする振る舞いで、職場の大人たちを悩ませる。

当然、このような言説のあり方には新聞紙上で違和感や反論も表明されており、朝日新聞ではとくに読者の「声」欄で、十代から二十代初めの人びとの意見がとりあげられるようになります。教育改革の無責任さを批判する「声」のなかには、自分たちが「ゆとり世代」であることを認めるものもありましたが（たとえば、二〇〇七年九月二十七日・朝刊二十四面、二〇〇八年十一月十九日・朝刊十五面、二〇〇九年五月三日・朝刊六面）、「ゆとり世代への揶揄許せぬ」といったタイトルで「レッテルを張られることに納得がいきません」と表明するものもありました（二〇〇九年六月二十五日・大阪版朝刊十六面）。

二〇一〇年四月二十四日の「ゆとり世代に偏見抱かないで」（朝刊十四面）という十五歳の「声」は、「新入社員たちを修飾する言葉として、『ゆとり世代』が用いられて」いることに懸念を表明し、「この考えは差別につながりかねない、と私は思う。特定の時期に生まれたという理由だけで、『あいつはゆとり教育の世代だからダメだ』などと決めつけられたら、どんな気持ちがするか、想像してほしい」と、世代をラベリングすることの危険性を訴えています。

「ゆとり世代にもかかわらず」――消えないレッテル

そのような疑義や反論を受けてのことでしょうか、二〇一〇年頃からは「ゆとり世代」への賛辞となる表現も添えられるようになります。若者の活動が報じられるさいに、「ゆとり世代であるにもかかわらず」といった観点を採る記事が散見されるようになりました。任意のものをいくつかあげてみると、以下のようになります。

全国の大学生の夢を千人分集める――。（中略）ツイッターで「夢を教えて」と呼びかけて、日本一周の旅を続けている。「ゆとり世代」のマイナスの印象を覆すアツイ同志を探す旅だ。

（二〇一〇年六月十二日・夕刊十四面）

学生の仲間と季刊のフリーペーパー「はだしの教室」を創刊した。（中略）テーマは「被教育者が教育を語る」。世間はゆとりだ学力低下だと大騒ぎするが、実際に教育を受けてきた自分たちの声を聞いたことがあるか？　そんな怒りから出発した。

（二〇一一年六月五日・朝刊二十三面）

学力低下などを指摘されがちな「ゆとり世代」。そんな世評を覆したいと意気込む若者も。（中略）「ゆとり教育を失敗と言う上の世代の人もいるが、僕らには可能性はたくさんある。先人がつくった今の社会をもっといいものにする自信がある」と話す。

（二〇一二年一月十日・奈良版朝刊三十三面）

「せっかく走るんだから一位がいい」。ゆとり世代返上の勝気をみせた。

（二〇一二年一月十日・大阪版朝刊三十八面）

大学で法律を専攻しながら、別の専門学校にも通って、司法書士を目指す。法律を通じて、人助けをするのが小学生からの夢だ。「『ゆとり、ゆとり』と言われて育ったけれど、がんばっている若者もいる。そうわかってもらえるような、生き方をしたい」。

（二〇一三年一月十五日・東京版朝刊二十九面）

これらの記事が若者の努力や活躍を得難いものとして伝えているのは疑いのないところですが、彼らが「ゆとり世代」という烙印を押された世代のなかにいるとする前提もまた、明瞭なところです。その認識の根拠には、彼らが「ゆとり教育を受けてきた」ことがあるわけですが、本章で見てきたように、そもそも「ゆとり教育」の概念を規定することやそれを評価すること自体が、難しいことです。

「ゆとり世代」と「ゆとり教育」という言葉は、それぞれが意味内容のあいまいさを抱えたままであるにもかかわらず、おたがいをそれぞれの意味の根拠として参照しあうことによって、社会的言説のなかで一定程度の実体性を得てしまったものだといえます。

関連年表

年	教育内容の変化に関わる出来事	「ゆとりと教育」を論じた朝日新聞社説	社会のおもな出来事・話題
		＊――社説の見出しを記載 （　）内は掲載日	＊――80年以降を記載
1947	●学習指導要領（試案）		
1951	●学習指導要領全面改訂（試案）		
1958	●小中学校学習指導要領告示		
1960	●高等学校学習指導要領告示		
1961	●小学校で58年告示学習指導要領実施		
1962	●中学校で58年告示学習指導要領実施		
1963	●高等学校で60年告示学習指導要領実施		
1968	●小学校学習指導要領改訂		
1969	●中学校学習指導要領改訂		
1970	●高等学校学習指導要領改訂		
1971	●小学校で68年改訂学習指導要領実施		
1972	●中学校で69年改訂学習指導要領実施		
1973	●高等学校で70年改訂学習指導要領実施		
1976	●教育課程審議会答申「小学校、中学校及び高等学校の教育課程の基準の改善について」		
1977	●小中学校学習指導要領改訂		
1978	●高等学校学習指導要領改訂		

1980（昭和55）	•小学校で77年改訂学習指導要領実施。「ゆとりの時間」導入		校内暴力・家庭内暴力の増加。イラン・イラク戦争。「第三の波」
1981（昭56）	•中学校で77年改訂学習指導要領実施		内閣「常用漢字表」告示。第5世代コンピュータ。アメリカ、レーガノミクス
1982（昭57）	•高等学校で78年改訂学習指導要領実施		教科書検定内容の国際問題化。「笑っていいとも！」開始。中曽根内閣発足
1983（昭58）			東京ディズニーランド開園。ファミリーコンピュータ発売。ハッカー登場
1984（昭59）		ゆとりと安定感ある社会に（11・10） 悲劇から何をくみとるか（11・13）	グリコ・森永事件。「柔らかい個人主義」。「新中間大衆の時代」
1985（昭60）		「クロ」の事件で思うこと（2・24）	NTT・日本たばこ産業（JT）発足。プラザ合意。「新人類の旗手たち」
1986（昭61）		「生活科」に注文する（6・6）	東京都中野区の中学2年生がいじめを苦に自殺。男女雇用機会均等法施行。チェルノブイリ原発大事故
1987（昭62）	•教育課程審議会答申「幼稚園、小学校、中学校及び高等学校の教育課程の基準の改善について」	間違いだった大学入試改革（3・27） 週休2日と官庁の役割（4・5） 「飽書」は充実を意味しない（10・28）	国鉄分割民営化。ソ連、ペレストロイカ。世界同時株安（ブラックマンデー）
1988（昭63）		子どもはガチョウではない（7・31） 学校5日制と「よく遊べ」の心（9・4）	文部省「生涯学習局」発足。リクルート疑惑。世界初のニューロ・コンピュータ
1989（平成元）	•小中高等学校学習指導要領改訂		消費税3％開始。中国、天安門事件。ドイツ、ベルリンの壁撤去開始

年	教育内容の変化に関わる出来事	「ゆとりと教育」を論じた朝日新聞社説	社会のおもな出来事・話題
1990（平2）			イラク、クェート侵攻。ポケベル・ダイヤルQ2登場。「NOと言える日本」
1991（平3）		何が教育を窒息させているか（4・21） 学校の役割は何だろう（10・17） ゆとりのない学校5日制では（12・22）	湾岸戦争。南ア、アパルトヘイト終結。ソ連崩壊
1992（平4）	●小学校で89年改訂学習指導要領実施。学校週5日制段階的導入開始	ゆとりある学校5日制へ（9・6）	WWW正式発表。参院選で日本新党躍進。日本医師会が尊厳死を容認
1993（平5）	●中学校で89年改訂学習指導要領実施	教師こそ意識を変えなければ（1・14） 子供を「学校人間」にしないで（9・12）	政権交代、55年体制解体。ウィンドウズ3・1発売。インターネット民間化
1994（平6）	●高等学校で89年改訂学習指導要領実施	学校は物を教うる所にあらず（2・3） 「受験ロボット」は悲しい（8・9） 学校改革につながる五日制を（10・8）	自社さ連立政権。自動車電話・携帯電話自由化。32ビットゲーム機登場
1995（平7）			阪神淡路大震災。地下鉄サリン事件。ウィンドウズ95発売
1996（平8）	●中央教育審議会答申「21世紀を展望した我が国の教育の在り方について」	五日制で学校改革を急ごう（3・23） 「なぜ」を育てる科学政策を（5・15） その言うや良し、されど（6・19） 「豊かさ」が子どもを減らす（7・14） 学校をスリムにする道（9・1）	文部省「いじめ問題対策本部」設置。薬害エイズ問題。民主党結党
1997（平9）		先生にもっと自由を（1・16） 対症療法でない教育論議を（6・1） 子どもたちに時間を（8・6） ほんとうの学力って何だろう（10・1） 楽しい学校像が見えない（11・24）	消費税5％開始。神戸連続児童殺傷事件。家永教科書訴訟終結

1998（平10）	●教育課程審議会答申「幼稚園、小学校、中学校、高等学校、盲学校、聾学校及び養護学校の教育課程の基準の改善について」 ●小中学校学習指導要領改訂	子育てが楽しい社会に　少子化（6・18） 子どもたちに釣りざおを　教育課程（6・27） どう生かす「学校の裁量」　中教審答申（9・22） 肝心なのは「入り口」だ　大学審答申（10・27） 「総合学習」を生かすには　指導要領（11・19） 荒れる心を見つめよう　子供の暴力（12・20）	郵便番号7桁化。和歌山毒物カレー事件。特定非営利活動促進法（NPO法）施行
1999（平11）	●高等学校学習指導要領改訂		携帯電話iモード開始。男女共同参画社会基本法成立。国旗国歌法成立
2000（平12）	●「総合的な学習の時間」段階的開始 ●第1回OECD生徒の学習到達度調査（PISA）	政権のお飾りでは困る　教育改革会議（3・30）	介護保険制度開始。携帯電話台数が固定電話を上回る。「IT革命」
2001（平13）	●6月、文部科学省「大学（国立大学）の構造改革の方針」策定	教科か総合かではなく　教研集会（2・3） 豊かさゆえの側面も　勉強離れ（5・15）	中央省庁再編成。ユニバーサル・スタジオ・ジャパン（USJ）開園。アメリカ、9・11同時多発テロ
2002（平14）	●1月、文部科学省「確かな学力の向上のための2002アピール『学びのすすめ』」 ●小中学校で98年改訂学習指導要領実施。「総合的な学習の時間」創設。学校完全週5日制実施	揺り戻しではいけない　文科相アピール（1・22） これでは教養が泣く　中教審答申（2・28） 見直しを見直せ　教育基本法（8・14） 結果を役立てるために　学力調査（12・14）	ブッシュ米大統領「悪の枢軸」発言。サッカー・ワールドカップ日韓大会。住民基本台帳ネットワークシステム開始

年	教育内容の変化に関わる出来事	「ゆとりと教育」を論じた朝日新聞社説	社会のおもな出来事・話題
2003（平15）	●高等学校で99年改訂学習指導要領実施 ●第2回OECD生徒の学習到達度調査（PISA） ●OECD「キー・コンピテンシー（主要能力）」の概念について最終報告 ●12月、小中高等学校学習指導要領一部改正「学習指導要領に示していない内容を加えて指導することができる」	学校の力の見せどころだ　中教審答申（10・9） 土曜日をどうするか　教育改革（11・5）	イラク戦争。個人情報保護法成立。地上デジタルテレビ放送開始
2004（平16）	●12月、第2回PISAの「読解力」と「数学的リテラシー」で日本の国際順位が下がったことが報じられる（PISAショック）	学力低下　いまこそ日本語を（12・9）	非正規雇用の増加。法科大学院制度創設。ニンテンドーDS・プレイステーションポータブル（PSP）発売
2005（平17）		中教審　学校にこそ「ゆとり」を（2・17） 学力調査「考える力」が心配だ（4・23）	衆院選で自民党大勝。郵政民営化法成立。「ニート」
2006（平18）	●教育基本法改定 ●第3回OECD生徒の学習到達度調査（PISA）		大学入試センター試験に英語リスニング導入。ライブドア事件。テレホンカード廃止
2007（平19）	●全国学力・学習状況調査開始	教育再生　報告案は期待はずれだ（1・20） 高校生の学力　格差を放置するな（4・14） 国際学力調査　考える力を育てるには（12・5）	年金記録問題。世界同時株安（サブプライムショック）。教科書記述をめぐり沖縄で11万人の県民大会

2008（平20）	●中央教育審議会答申「幼稚園、小学校、中学校、高等学校及び特別支援学校の学習指導要領等の改善について」 ●小中学校学習指導要領改訂	指導要領改訂　マニュアルを押しつけるな（1・18） 新指導要領　教師力の育成が先決だ（2・16）	秋葉原無差別殺傷事件。iPhone日本発売。世界的金融危機（リーマンショック）
2009（平21）	●高等学校学習指導要領改訂 ●小中学校で08年改訂学習指導要領一部先行実施 ●第4回OECD生徒の学習到達度調査（PISA）	教員養成6年制　まず教職大学院の拡充を（10・27）	裁判員裁判開始。衆院選で民主党大勝、政権交代。電子書籍端末キンドル日本発売
2010（平22）		土曜の授業　親子、地域と話し合って（2・21） 小学校教科書「分厚い」を「楽しい」に（4・1） 全国テスト　地域が学力向上の主体に（4・22） どうした、先生　ゆとり取り戻せる改革を（11・1） 国際学力調査　根づいたか「未来型学力」（12・8）	日本航空が会社更生法適用申請。小惑星探査機はやぶさ帰還。iPad日本発売
2011（平23）	●小学校で08年改訂学習指導要領完全実施	原子力と教育「不確かさ」を学ぶこと（10・30）	東日本大震災。福島第一原発爆発。アナログテレビ放送終了
2012（平24）	●中学校で08年改訂学習指導要領完全実施 ●高等学校で09年改訂学習指導要領一部先行実施 ●第5回OECD生徒の学習到達度調査（PISA）		東京スカイツリー開業。尖閣諸島国有化。衆院選で自民党大勝、政権交代

年	教育内容の変化に関わる出来事	「ゆとりと教育」を論じた朝日新聞社説	社会のおもな出来事・話題
2013(平25)	•高等学校で09年改訂学習指導要領完全実施	成人の日　レッテル貼りを超えて（1・14） 土曜授業　答えを急ぐことはない（1・21） 解のない問いに挑む（社説余滴、4・25） 国際学力調査　子どもの力を信じよう（12・4）	アベノミクス。インターネット選挙運動解禁。特定秘密保護法成立
2014(平26)		伝記は感化より読解を（社説余滴、3・6）	ダイヤルQ2終了。「笑っていいとも！」終了。消費税8％開始
2015(平27)	•第6回OECD生徒の学習到達度調査（PISA）で、「読解力」「数学的リテラシー」「科学的リテラシー」に加えて、新たに「協働型問題解決能力」が設定される予定		

【第2章】

「ゆとり」批判の政治性

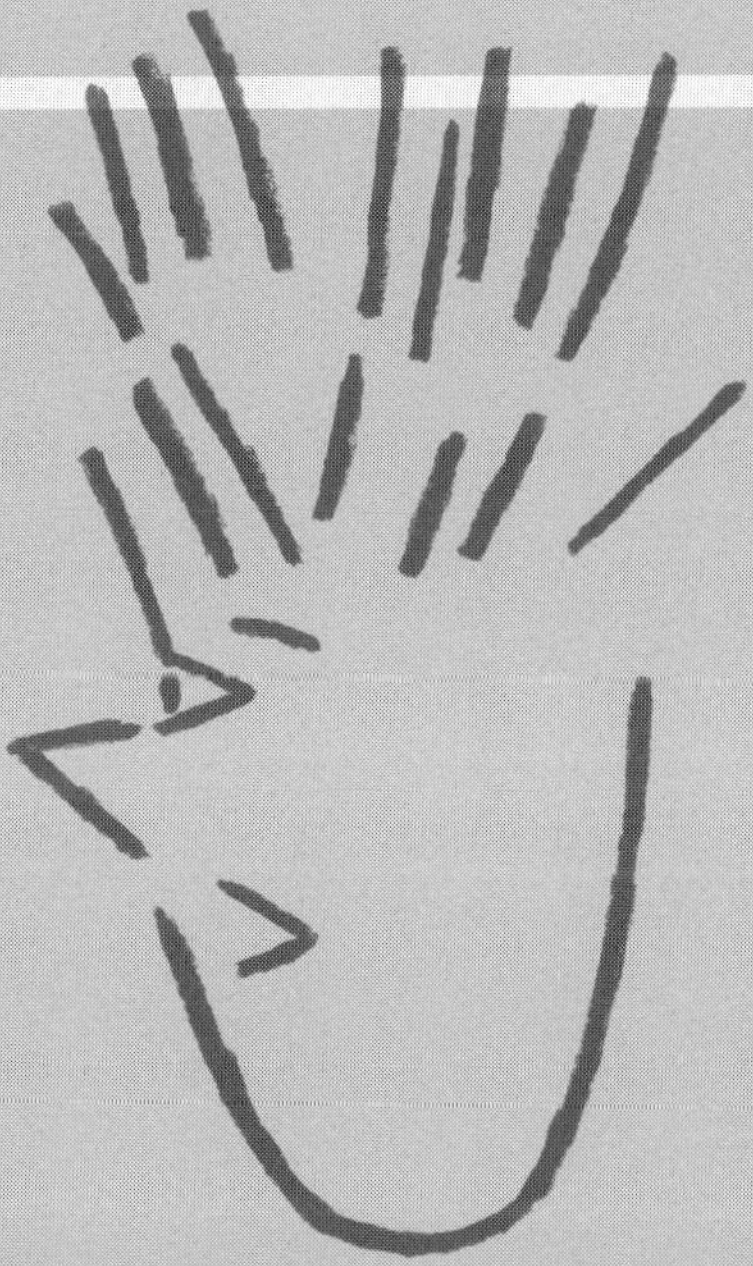

◎岡本智周

ラベルを上書きする試み

価値の反転と「さとり世代」

「ゆとりある教育」への評価は、社会のなかでの「ゆとり」そのもののとらえられ方の変化と、強く連動するものでした。

二十世紀の終わりまでは、「ゆとり」の達成が豊かな社会のつぎなる課題だとされており、ものの考え方や取り組み方に自由さや多様性をもたせることが目指されていました。しかし二十一世紀に入ったころから、すでにあるものを標準としたうえで競いあうことが、社会で生きるためのより差し迫った課題となりました。「ゆとり」の価値が反転したのです。

「ゆとり世代」に対するネガティブな評価も、それゆえに生じたものだといえるでしょう。若い世代の実態はともかく、なによりも「ゆとり」という記号がそこに与えられていることが、効率や成果を重視する観点からの批判的まなざしの対象となったのです。若者の実際の姿を「ゆとり世代であるにもかかわらず」ととらえる評価の仕方は、それ自体が評価軸のずれを表現しています。

そのような傾向は、二〇一三年に「さとり世代」という言葉が大きくとりあげられたときの論調にも共通しています。

朝日新聞では三月十八日の「さとり世代、浸透中　車乗らない、恋愛は淡泊…　若者気質、ネットが造語」（朝刊三十九面）という記事を皮切りに、「ゆとり世代」を「さとり世代」という言葉で言い換えていこうという動きが生じました。四月二十四日から五月四日にかけては、連載「いま子どもたちは」で全八回にわたって「さとり世代」がとりあげられています。各回のタイトルは、「勝ちたいと思わない」「恋愛も、ネット越しで十分」「尾崎豊、ピンとこない」「お金の使い方は一点豪華主義」「東大より地元の大学がいい」「場面に合わせ友だち選ぶ」「収入ってそんなに重要？」「僕は『ゆとり』の成果物」といったものです。

これらの記事をとおして、若者の消費動向を論じた単行本『欲しがらない若者たち』で現代の若者世代の特徴として指摘された、「車に乗らない。ブランド服もほしくない。スポーツしない。酒は飲まない。旅行しない。恋愛には淡泊」といった点が追認・肉付けされ、「さとり世代」という言葉に「結果をさとり、高望みしない世代」という意味が与えられました。

そのさい、「ゆとり世代」と「さとり世代」が指し示すものは厳密には同じではないと前置きされるのですが、しかし記事内で紹介される論者によって、「さとり世代」は「ゆとり教育を受けた世代と年齢的にほぼ重なるだろう」とも述べられています。この言い換えの意図するところは、「『ゆとり世代』はダメな若者を指す言葉になったが、『さとり世代』は、ゆとり教育を受けつつ、さらに勉強をし、現実的な将来を見通す賢い集団でもある。だからこそ、結果をさとらざるを得なかった」というイメージとともに提示されることになりました（二〇一三年三月十八日・朝刊三十九面）。

重要なのは、ここでも「ゆとり教育」そのものの価値が吟味されているわけではなく、それを克服すべきものとあらかじめ前提にしたうえで、若者の動きを評価しようと考えられていることです。記事が採用しているのは、やはり、「ゆとり世代であるにもかかわらず」という論法でした。

そのため結局のところ、「さとり世代」としての若者に向けられる言葉も、批判めいたものが多くを占めることになります。「さとり」世代についての記事には頻繁に、「十九〜二十六歳のスタッフに頭を抱える。『仕事はそつなくこなすが、上を目指そうという気概がない』」（二〇一三年三月十八日・朝刊三十九面）、「流行語の一つに『さとり世代』というのがある、と初めて知った。あらかじめ敷かれているレールの上を走るのが人生だ、と。それでは、あまりにもつまらなくないか」（同年四月十日・宮城版朝刊二十八面）、「やればもっとできるのに、どうしてある程度で満足しちゃうんだろう。友だちもずっと同じ。世界が広がっていない」（同年四月二十四日・朝刊三十面）といった年長者からのコメントが付されます。

「ゆとり世代」を批判するのと同じ論法で若者をとらえているわけですから、言葉だけが変わっても同じような印象論が引き出されるわけです。社会的な言説においては、「さとり」に期待された積極的な意味がうまく浸透したとはいえない状況のようです。

こうした若者批判に対しては、やはり読者の「声」の欄で、若者の側からの反論が表明されます。「さとり世代だが希望もある」（二〇一三年五月十五日・朝刊十四面）では二十二歳の声が、「若い世代　さとり世代というレッテル」（同年五月十八日・朝刊十二面）では十八歳の声が示され、世代をラベリングすることへの異議が表現されました。

社会や時代の問題として

このように、「ゆとり世代」としても「さとり世代」としても同じような若者像が議論されることになったわけですが、こうしたなかで興味深いのは、「世代論」を相対化した「時代論」に踏みこんだ記事が散見されるようになったことです。ある特定の世代を異なる複数の言葉で表現することをとおして、当の若者たちの性質についてのみならず、彼らがおかれた時代や社会の状況についての言及が広がった面があります。

たとえば二〇一三年五月六日・朝刊一面の「天声人語」は、「さとり世代の登場」というタイトルを掲げ、自紙が展開した議論に言及しながらも、「世代論は難しい。的を外すと『ギョエテとは俺のことかとゲーテ言い』となりかねない」と留保をつけています。「長引く不況が彼らにそう強いただけなのか。時代が生んだ新しい生活哲学なのか」と、若者の経験の外側にある時代の思潮に目を配り、「バブル時代の狂騒を思えば、真っ当な方向だ。景気回復もいいが、あんな時代に戻りたくはない」と述べることとなりました。

「さとり」を特定の世代の特徴としてではなく、「時代」や「社会」によってもたらされたものとする言葉には、以下のようなものがあります。

時代の空気が若者気質を規定するとわかれば、さとり世代の価値観はこれからを生きていく日本人の指針なのだと理解できるはず。少欲知足。金でブイブイいわすのではなく、謙虚で慎み深い・高い精神性で世界から尊敬される日本人を、世代を超えてみんなで目指しましょうよ（自らにも言い聞かせています）。

（二〇一三年六月一日・石川版朝刊三十面）

世代というより「さとり時代」ではないか。

（同年八月二十三日・夕刊十面）

希望が抱きづらい社会だからこそ、自分の置かれた環境についてまさにさとりながらも、夢や希望をより真剣に追い求めて必死にもがく若者たちだと思います。

（同年十一月九日・朝刊十二面）

「さとり世代」という言葉の登場には、ある人びとに与えられる一つの名称が絶対のものではないことを知らしめる効果があったといえるでしょう。ある人びとに関する表現は、その人びとをいかなる状況と結びつけて表現しようとするのか、その設定の仕方によっていかようにも変わってきます。その意味で、「ゆとり」や「さとり」といった言葉は特定の人間集団の本質的な問題を指すものではなく、むしろその人間集団がおかれた社会や時代の問題を指し示すものなのだということに、気づかれるチャンスが広がったことになります。

世代論の虚しさ

先行世代は後続世代をネーミングする

社会で語られていることをこのように大まかに眺め渡してみると、「ゆとり世代」の受難のどこまでが典型的な若者批判によるもので、どこからがそれと異なるものであるのかが、見えてくると思います。

「いまどきの若い者は……」といった類の若者バッシングはいつの時代にも、どの世代に対してもあります。先行世代はそれをすることによって旧来の慣習の優位性を主張し、自らが社会的に生き永らえる根拠を確保します。「世代論」という装置はそのように作用する虚しい側面をもちます。

後続世代を批評するにあたって、ただたんに「若者」と呼ぶだけでは、いつの時代のどの若者であるかが不明瞭となるため、先行世代は後続世代をネーミングします。いわく、多くの人間が同時期に生まれれば「団塊世代」、社会的な闘争が落ち着いたあとに成年に達すれば「シラケ世代」、新しいメディアやデバイスに囲まれて育てば「新人類」、コンビニエンスストアやファストフードをとりこんだライフスタイルが一般的になれば「マニュアル世代」、などなど。世代の名称は、時の状況をヒントにして事後的にあてがわれるものです。

どのネーミングも基本的には批判のためのものなので、揶揄や嘲笑や褒め殺しのニュアンスを含みもちます。しかし、喩えに用いられる現象自体には、本来は良い側面も悪い側面もあるために、その名称を使って描かれる世代の像にはネガティブな性質と同様にポジティブな性質も組みこまれることになります。たとえば、「団塊世代は人口が多くて競争が激しいのでがつがつしている、彼らが通ったあとには雑草も生えない。しかし、彼らのバイタリティはやはりパワフルで、戦後の日本社会を支えることになった」「新人類は何を考えているかつかみどころがない。しかし彼らの活動は、たしかに新しい感覚に支えられている」といった具合に。

こうした名称が用いられる場合には、けっしてその世代の「本質」が抽出されているのではなく、洒落っ気でつけられた名称から連想されるものが、世代の特徴として後付けされるにすぎないということが自明でした。

「ゆとり」批判の特異性

しかし「ゆとり世代」の場合が不幸であるのは、若者を把握するために「ゆとり教育」という現象が選びとられた点にあります。ネガティブな評価はいくらでもなされるものの、ポジティブにとらえられることがほとんどない現象が、たまたまあてがわれてしまいました。

そのため、どの世代でも若い時期に経験したであろう一般的な若者批判の部分までが、「ゆとり教育」の欠点のためだという論理にすり替えられ、また、ネガティブな評価を受けつづける「ゆとり教育」で育ったということが、「ゆとり世代」をバッシングするための有効な根拠にされてしまう事態となりました。世代の印象について負の連鎖が生じてしまったといえます。ポジティブに評価されることがほとんどなされない現象で名指されてしまったことに由来する、構造的な問題がここにはあります。

それゆえに本書のこれまでのページでは、「ゆとり」そのものや「ゆとりある教育」の意味づけの推移を提示してきたのです。ある状況のもとでの認識や評価は、時間の流れのなかで相対化してみる必要があります。「ゆとり」に対してポジティブな意味づけがなされていた時期はたしかにあり、むしろ社会的に大いに望まれたものでもあったことを示してきました。「ゆとり」の希求をとおして、教育の果たす役割自体を見直そうとしていたのが、一九八〇年代から一九九〇年代にかけての日本社会でした。「ゆとり教育」はこうした文脈を背景において、よりニュートラルに理解される必要があると思われます。

そのうえで、一般的な世代論として「ゆとり世代」をとらえ直すためには、「ゆとり」や「ゆとりある教育」への批判的なまなざしをもたらすものが何であるのか、その実際を理解することも必要となってきます。

本章のつぎの部分では、このことについて押さえてみたいと思います。

経験主義と系統主義のせめぎあい

日本の教育におけるせめぎあい

第1章でもみたとおり、「ゆとりある教育」はずいぶん昔からその必要性が議論され、さまざまなことが試みられてきました。受験競争が過熱する一方で「おちこぼれ」が生みだされるといった「詰め込み教育」の弊害に対処するために、また、種々の逸脱行動や登校拒否などに表現される青少年の問題に向きあうために、子どもたちの日常生活における余裕や、子どもたちの社会との関わりを考えはじめたことが、「ゆとり教育」の源流です。小中学校における「ゆとりの時間」は、一九七七—七八年の改訂学習指導要領で示され、一九八〇—八一年に開始されています。

子どもたちの生活における時間的余裕については、端的に学校週五日制として構想され、具体化されてきました。土曜日休業は一九九二年から段階的に増やされ、二〇〇二年から小中学校での完全実施をみました。他方、社会との関わりについてはたとえば、課題を自ら見つけ、主体的な判断をとおした問題解決に向かう資質・能力を育てることをねらいとした「総合的な学習の時間」の実施が、二〇〇〇年から段階的に進められました。

「総合的な学習の時間」でうながされるような問題解決型の学びのことを、教育学では経験主義の学習と呼びます。『新教育社会学辞典』(東洋館出版社)によれば、「経験主義教育」とは、「子どもたちの学習のあり方は、固定した文化体系を受け身で吸収するのではなく、みずからの生活経験と現実的興味に基づき、自発的に活動することを通して行われるべき」とする考え方に支えられるものです。アメリカの進歩主義の教育思想がそれを表現するものとしてあり、日本においても第二次世界大戦のすぐあとの時期の学校教育が、これに強い影響を受けていました。

こうしたいわば「態度重視」の教育観に対置されるのが、「知識重視」の教育観です。伝統的な教科内容の体系性・系統性を重視するという意味で、系統主義と呼ばれます。『新教育社会学辞典』では、系統学習は「各教科の科学的系統性を重視し、児童生徒に主として演繹論的な順序で教材を提示していく学習指導法」と定義されています。教える側の主体性を軸として、学習者に比較的短い時間で多くの情報を提示する教育だということになるでしょう。

じつはあらゆる社会で、教育を経験主義に拠って考えるか、系統主義に拠って考えるかということは、つねにせめぎあって議論がおこなわれています。また、両者はかならずしも厳密に区別されるわけではなく、現実の教育は一般的にはその折衷として営まれています。明治期以来の日本の学校教育は系統主義が基本的な軸になっていたとされますが、その流れに対して経験主義にもとづいた問い直しや提案もまた重ねられており、敗戦直後の経験主義にもとづく学校教育も、そのような試みの一環にあるものでした。

戦後日本の学校教育においてはその後、一九五〇年代後半の学習指導要領の策定によって系統学習への転換が進められ、以降、基礎学力を重視する学校教育が構想されるようになりました。一九六〇年代後半の学習指導要領改訂の眼目も、各教科の科学性に重きをおいた知識の伝達と能力の育成に据えられました。このように教育の基調は、子どもたちの状態や社会の状態を見ながら、つねに動いています。系統主義にもとづく教育にも、経験主義にもとづく教育にも、それぞれにメリットとデメリットがあり、一方のデメリットの部分が社会のなかで問題視されるようになったときに、もう一方が希求されることになります。「ゆとりある教育」は系統主義のデメリットが目に見えるようになったことで社会的に求められたものであり、逆にまたそれが実現されるようになったさいには、必然的に系統主義の立場からの批判が突きつけられることになりました。ただし、「脱ゆとり」への方向転換がなされたといわれるようになったあとにも、学校週五日制と「総合的な学習の時間」は継続されているのが現実でもあります。

アメリカでのせめぎあい——多文化教育をめぐって

教育におけるこの種のせめぎあいは、進歩主義の教育を生みだしたアメリカにおいても、同じように見出されるものです。教育史家ダイアン・ラヴィッチの『学校改革抗争の100年——20世紀アメリカ教育史』（東信堂）などがそのことを表現しています。彼女自身は系統主義を擁護する立場に立った叙述をおこなっていますが、アメリカの公教育が二十世紀をとおして、経験を重視した進歩主義教育と、オーソドックスな系統主義教育のあいだで揺れるさまを描きだしました。

その端的な例であるのが、多文化教育という営みをめぐる曲折です。アメリカの学校教育は一九五〇年代までは、「アメリカ大陸の発見」を起点とした政治プロセスから読みとることのできる「建国の理念」に依拠し、それを伝達することに価値をおいていました。しかし一九六〇年代以降、公民権運動に代表される社会変革がなされるのにともなって、社会のなかにすでにある人間の多様性を承認し、差異に由来する不平等の是正を目指す「多文化主義の理念」が、教育にとりこまれていきます。そのさい、多文化教育の実践には、学習者がおかれている社会的環境から課題を見出し、それについて主体的に考えることで学びを達成するという、経験主義にもとづいた方法が親和的でした。一九六〇年代から一九七〇年代にかけて、生徒の側の主体性を重視する進歩主義思想を体現した学習がおこなわれるようになったのです。

しかしながらこのことが、ヨーロッパの古典や伝統に根ざす教養の伝達がおろそかになったとする批判をひきおこしました。結果として一九八〇年代には、系統主義の教育観にもとづく揺り戻しが進められることになりました。その発端が、「教育における卓越性に関する全米委員会」が一九八三年に発表した報告書『危機に瀕する国家』です。ここでは一九六〇年代から一九七〇年代の改革によって、教育内容が「中心的な目的が分からないほどに水増しされ、拡散している。その結果現在のカリキュラムは、前菜やデザートが主菜と簡単に取り違えられてしまうような、カフェテリアスタイルになっている」という認識が示されました（このあたりの詳細は、拙著『歴史教科書にみるアメリカ』〈学文社〉を参照していただけると幸いです）。

その後、従来型の「学力」の低下を示す事例を判断材料にして、経験主義に依拠する教育が批判され、見直されることとなったわけです。日本における「ゆとり教育」批判ときわめて似た論理が、アメリカにおける多文化教育批判においても採用されていたのであり、学力低下論に導かれたその後の教育改革は、むしろ日本で後追い的にくり返されたものだと見ることができます。実際、一九八〇年代以降に「学力低下」の克服に取り組んだアメリカ教育行政の主要文書を翻訳・収録した『アメリカの教育改革』(京都大学学術出版会)という書物では、経験主義的・進歩主義的な教育の見直しを日本の「ゆとり教育」の見直しに適用した考察が、訳者によるイントロダクションとして示されています。

アメリカでは多文化教育への批判がなされたあと、共和党と民主党のあいだでの政権の移動がありながらも、教育内容の体系性を再確立する試みが継続されることになりました。一九九〇年代に生じた全米規模のカリキュラム基準を模索する動きは公的な認知を得られずに終わりましたが、その後には州ごとの教育基準の整備が試みられることとなりました。そして二〇一〇年には、幼稚園から高校までの英語と算数について、共通の主要部(common core)の基準が策定され、現在は五十州のうち四十五州で州基準をそれに即したものへ改める動きが進行しているようです(朝日新聞二〇一四年五月十五日・朝刊三十五面)。

その一方で、テスト対策を目的とした学習のあり方が教育現場に浸透することに、危惧の声があがるようになりました。生徒を「容れ物」と見る詰め込み型の教育方法が採られることにより、学習することそのものを生徒にとって身近で重要なものにしようとする問題意識が希薄化した、と指摘される面もあります。系統主義と経験主義のせめぎあいには、決定的な解は見出しにくいものだといえます。

歴史教科書にみる学習内容の実際

系統主義と「国家」の強調の連動

経験主義に立つ教育はつねに系統主義の観点から批判されることを述べましたが、加えて、系統主義への揺り戻しの時期に特徴的なこととして、国家という観念が強調される傾向を指摘することができます。学ばれるべき事柄の範囲や段階を明確にすべきだという考え方は、社会状況に関する学習内容に適用されたとき、さまざまあるはずの諸価値のあいだに優先順位をつけ序列化することを導きます。国家的な価値がそこで浮上してきます。

アメリカにおいて、多文化教育が批判されるようになった時期には、「アメリカ文化とは何か」が大いに議論され、それを再確立することが目指されました。とりわけ歴史教育の内容について論争が生じ、マイノリティについての情報を重視する多文化主義が、アメリカという国家の中核的価値についての学習を損なわせてしまったと批判されました。アメリカでも歴史教科書問題はさかんに論じられており、歴史教育で扱われる内容は一九八〇年代に、「アメリカ国民」としての「我々」を強調し、それを中心にすえた歴史像へと修正されることになったわけです。

戦後の日本においても、一九五〇年代半ばから歴史教育内容を見直す議論がおこなわれ、敗戦直後の学校教育で示されていたものとは性格の異なる情報がとりあげられるようになりました。さらに一九六〇年代から一九七〇年代にかけては、日本の国家的立場からの歴史理解をうながす情報が歴史教科書のなかに充実してきました。経験主義にもとづく戦後教育が見直され、教科内容の体系性を重視する系統主義が強まった時期と重なります。

こうした現象の一例を、具体的な教科書の記述でたどってみましょう。日本の歴史教育内容の変化については、拙著の『国民史の変貌』(日本評論社)や『共生社会とナショナルヒストリー』(勁草書房)で詳しく扱っているので参照していただきたいのですが、ここでは「第二次世界大戦の終結」が歴史教科書のなかでどう表現されてきたのかをとりあげたいと思います。系統主義が強い時期には「国家」の概念を強調する情報が登場し、また他方、「ゆとり」が求められ経験主義が掲げられた時期には、歴史叙述のさらなる深まりがあったことを見てとることができます。

記述の変遷を読み解く

次頁の表は、日本の高校歴史教育でもっとも広く採用されている山川出版社の世界史教科書の記述を抜粋したものです。教科書の記述はじつは頻繁に更新されており、表には比較的大きな内容の変化があった版を並べました。それぞれの時期に、教科書で提示される歴史像にどのような加除修正があったのかが理解できるようになっています。

一九五一年版は、サンフランシスコ講和の直前の、日本が連合国軍の占領下にあった時期の教科書です。ここでは第二次世界大戦について、日本が「無条件降伏」し、国家としての主権が断絶することによって終結したと記されました。また、この終戦は全体主義の民主主義への「屈服」だと提示している点が特徴的です。その後、一九五〇年代半ば以降にそれまでの教科書が見直される過程で、写真や脚注の追加がなされていきます。一九六四年版では「ポツダム宣言」についての注釈が加わり、それが日本に対する「戦争終結の条件」であったと示されるようになりました。

一九六〇年代には、歴史教育内容をめぐる議論において、日本の降伏を「無条件」だったとすることの問題が論点の一つになったのです。この時期、「ポツダム宣言のような条件があったから、無条件ではない。事実に照らして改めよ」といった教科書検定意見が文部省から示されています。ポツダム宣言は「日本国軍隊」に対する「無条件降伏」をうながしたものであり、

山川出版社『世界史』教科書における「第二次世界大戦の終結」

タイトル	発行年	ページ	第二次世界大戦の終結
『世界史』	1951	298	10日日本は御前会議においてポツダム宣言受諾を決定、15日無条件降伏を行った。ここにおいて全体主義は完全に民主主義に屈服したのである。
『世界史』	1956	283	10日、日本側は御前会議においてポツダム宣言受諾を決定し、15日無条件降伏を行った。ここにおいて全体主義は完全に民主主義に屈服したのである。 【写真】ミズーリ艦上の調印
『詳説世界史』	1964	329	10日、日本側は御前会議においてポツダム宣言＊受諾を決定し、15日無条件降伏をおこなった。ここにおいて全体主義は完全に民主主義に屈服したのである。 【写真】ミズーリ艦上の調印 【脚注】 ＊1945年7月、ベルリン郊外のポツダム宮殿における連合国首脳の会談できめられ、7月27日発表されたもので、日本に対し戦争終結の条件を示した宣言である。トルーマン・チャーチル・蔣介石の名で出されたが、のちにソ連のスターリンも加わった。
『詳説世界史』新版	1973	322	10日、日本側は御前会議でポツダム宣言受諾を決定し、15日降伏した。 【資料】ポツダム宣言 ［その内容の抜粋を列挙］
『詳説世界史』新版	1983	324	10日、日本側は御前会議②でポツダム宣言受諾を決定し、15日降伏した。ここに6年にわたる第二次世界大戦はおわった。 【脚注】 ①ポツダム宣言は、はじめ米・英・中3国の名で発表され、のちソ連邦が参加した。おもに日本軍の無条件降伏と、降伏後の日本の処遇についての基本的方針を明らかにしたものである。 ②明治憲法下で、国家の重大事件について天皇出席のもとに重臣・大臣などが催す会議。

（下線は引用者による強調）

『詳説世界史Ｂ』	1994	317	日本は8月14日ついにポツダム宣言受諾による降伏を決定し、15日国民にあきらかにした。ここに6年にわたる第二次世界大戦はおわった。 【脚注】 ①ポツダム宣言は、はじめ米・英・中３国の名で発表され、のちソ連も参加した。宣言は日本軍の無条件降伏の要求や、降伏後の日本の処遇についての基本的方針をあきらかにした。
『詳説世界史Ｂ』	2003	317	日本は８月14日ポツダム宣言を受諾して降伏し、15日国民にも明らかにした。６年にわたる第二次世界大戦はおわった。 【脚注】 ①ポツダム宣言は、はじめアメリカ・イギリス・中国の名前で発表され、のちソ連も参加した。宣言は、日本軍の無条件降伏や、降伏後の日本の処遇についての基本的方針を明らかにした。
『詳説世界史Ｂ』改訂版	2007	335 | 336	日本は8月14日ポツダム宣言を受諾して降伏し、15日国民にも明らかにした。6年にわたる第二次世界大戦はおわった。 【脚注】 ①ポツダム宣言は、はじめアメリカ・イギリス・中国の名前で発表され、のちソ連も参加した。宣言は、日本軍の無条件降伏要求や、降伏後の日本の処遇についての基本的方針を明らかにした。
『詳説世界史Ｂ』	2013	369 | 370	日本は8月14日ポツダム宣言を受諾して降伏し、15日国民にも明らかにした。こうして６年にわたる第二次世界大戦はおわった。 【脚注】 ①ポツダム宣言は、はじめアメリカ・イギリス・中国の名前で発表され、のちソ連も参加した。宣言は、日本軍の無条件降伏要求や、降伏後の日本の処遇についての基本的方針を明らかにした。

「日本国」はそれを条件として受け入れたのだから、その降伏は「無条件」でなされたものではない、とするのがこの見解の論理でした。それによって、国家としての主権が戦前から戦後へと連続していると含意されることとなりました。

このような国家的な立場や価値が教育内容に盛りこまれるようになったのが、一九六〇年代から一九七〇年代にかけての状況となりました。「ポツダム宣言」についての詳細な情報はそのために一九六四年版に登場したのであり、やがて一九七三年版では「無条件」という言葉が削除されました。一九七三年版ではあわせて、「屈服」という表現も削除されたことに注目できるでしょう。

歴史教育における体系性・系統性の整備は、教科書の記述をこのような角度から加除修正することによって果たされ、国家という観念の強調へと教育内容が導かれる側面があったといえます。

この教科書での「第二次世界大戦の終結」の説明は、一九八三年版でふたたび記述を増加させました。「無条件降伏」の主体が「日本軍」だと明示する点で情報はより精緻なものとなり、論理の整合性は高められています。以後、表現の微修正がなされつつ、二〇一三年版に至るまで同じ説明が維持されています。

教育内容の「変化」とはどのようなものか

「ゆとり教育」で内容は薄まったか

ただし、一九八〇年代以降の歴史教科書には、情報の「増加」より以上に情報の「精緻化」を、その顕著な傾向として指摘できる点が重要です。いわゆる国際化やグローバル化にともなって社会が変動し、学校教育に要請されるものも変わりゆくなかで、歴史教科書は出来事についての細やかな情報をより多角的に提示し、より幅広い観点からの吟味と理解をうながすものとなっていきます。社会が「ゆとり」を求めた時期、ものの考え方や取り組み方に自由さや多様性をもたせることを目指した時期と、重なります。

そのため、自国の立場を中軸にすえる観点を相対化する性格が生じることにもなりました。たとえば、この世界史教科書で朝鮮半島での「三・一運動」が登場するのは一九八三年版からですし、一九九四年版からはアジア史の叙述が充実し、それにともなって「韓国併合」や「反日義兵闘争」が詳細に示されるようになりました。そのとき、以前の教科書に採用されていた情報や論理がすっかり削除されるわけではなく、記述を修正しつつ継承し、そのうえで新たな情報を加えていくのが実際です。

この世界史教科書では二〇〇三年版においても、そのような刷新がおこなわれています。「ゆとり教育」の実質を用意したとされる一九九九年の改訂学習指導要領（高等学校）に準拠して作成された版です。二〇〇三年版教科書では第二次世界大戦を説明する節の最後に、「大戦の結果」と題する新たな項が設けられました（『詳説世界史』山川出版社、二〇〇三年、三一八頁）。三つの段落からなるその文章は、第二次世界大戦の原因から結末までを概括するものですが、俯瞰的な観点を採ることで得られる認識があることを示唆しています。

最初の段落は、洋の東西を見渡す観点で書きだされます。

第二次世界大戦は、東アジアにおける日本、ヨーロッパにおけるイタリア・ドイツのファシズム諸国家が、国内危機を他国への侵略で解決しようとし、ヴェルサイユ・ワシントン体制を破壊する動きからはじまった。国際連盟による集団安全保障体制がくずれるなか、当初はドイツ・イタリアがヨーロッパで、日本が中国でそれぞれ別にはじめた侵略戦争は、一九四一年の独ソ戦と太平洋戦争の開始とともに、世界戦争へと一体化した。

ファシズムという共通現象に着目し、「国内危機を他国への侵略で解決しようと」したという意味での「侵略戦争」という概念を引きだしています。一国一国の事情とは異なる水準で人間のうごめきをとらえる観点が試みられているといえるでしょう。そうした語り方によって、かつて一九五〇年代の教科書で言及されていた「全体主義と民主主義」の関係を言いなおしているのが、ひき続く二つの段落です。

　連合国側がはやくから反ファシズムをかかげ、大西洋憲章によって新しい戦後秩序を示して、多くの国ぐにの支持を集めたのに対し、ファシズム諸国家は自国民の優秀さをとなえ、それぞれの支配権確立をめざすだけで、ひろく世界に訴える普遍的理念をもたなかった。さらに、ファシズム諸国の暴力的な占領地支配は、占領地域民衆のひろい抵抗運動をよびおこした。その結果、ファシズム諸国は事実上全世界を敵にまわすことになって、敗北した。第二次世界大戦の犠牲者は軍人・民間人をあわせて数千万人にのぼるといわれている。それには、人種的・宗教的差別による追放や大量殺害もふくまれ、戦後も各地で多くの難民をうんだ。

　米ソ両国は、連合国の勝利に決定的役割をはたし、戦後世界での指導的地位を認められた。ヨーロッパは、世界の中心から世界の諸地域の一つに後退した。他方で、中国やアジア諸地域での民衆の抵抗運動は、反ファシズム運動の枠をこえて、欧米諸国の植民地支配をうち破って自立する力量を獲得した。大戦がもたらした多大の犠牲と国土の荒廃への反省、人類の生存そのものをおびやかすことになる核兵器の登場は、戦後の諸国家や国際体制の方向を決定する要因となった。

ここでの観点が、ファシズム諸国と連合国とを対比的に把握しつつも、その対立軸を超えた帰結についての説明を引きだしていることが重要です。それによってとらえられるのが、第二段落における「第二次世界大戦の犠牲者は軍人・民間人あわせて数千万人」「人種的・宗教的差別による追放や大量殺害」といった現象であり、第三段落での「民衆の抵抗運動は、反ファシズム運動の枠をこえて、欧米諸国の植民地支配をうち破って自立する力量を獲得した」という事実です。

二〇〇三年版から加わったこの情報は、より普遍的な観点を設定することで、物事を多面的にとらえる視座を用意したものだといえるでしょう。学習指導要領の改訂をとおして「教科内容の削減」や教科書の内容の「精選」が言われた時期に、このような知識がむしろつけ加えられていたことの意味は大きいと思われます。これを、変化が積み重なることによる学習内容の充実だと指摘することは十分に可能でしょう。なお、この「大戦の結果」という節は、二〇〇九年の改訂学習指導要領を反映させた二〇一三年版の教科書においても、表現もそのままに維持されています。

教育内容の変化をとらえる視点

以上のように、本章の後半でとりあげてきた例からは、「ゆとり教育」なるものがもたらしたとされる教育内容の「変化」がどのようなものであるのかを、いま一度冷静に考えることもできるでしょう。一つの例をもってすべてを同じように考えることはもちろん危ういですが、少なくとも、情報の継承と細かな加除修正が混然一体となされて、ゆるやかに進む面があることを理解することができます。

その意味で、「ゆとり世代」とその前後の世代とのあいだでの、教育によって受けとったものの違いについては、より細やかに、共通点と相違点の双方からとらえられる必要があるといえます。それぞれの世代が受けた教育の「優劣」などは、一概に表現することはできません。そしてあわせて、「ゆとり教育」批判がなされ、いままた系統主義が強調される状況において、教育内容に何が加わり、何が削除されているのかも、注視していく必要があります。

教育の内容は時々の社会の状況に応じて変化していくものであり、また、ある時期の教育を受けた人たちがつぎの社会のスタンダードを支えていくことになります。社会と教育とは、そのような相互反映的な関係にあります。自らが学んだ時期とは異なる時期の教育の特徴を理解し、むしろ、そこにいかなる社会からの要請があるのか（あったのか）をより多くの人びとが理解することが、社会がより円滑に存続するためには必要なのかもしれません。

（座談）

「ゆとり世代」と勝手に呼ばれてしまった当事者たちのちょっと真剣な議論

佐藤博志（一九七〇年生まれ）▼テレビでのタレントの発言に端を発して、五月に約百十人の受講者のいる授業で、「ゆとり教育」「ゆとり世代」をグループ・ディスカッションのテーマにとりあげました（「はじめに」参照）。すると議論が白熱して、怒り狂いだすグループも出てきて大変なことになった。身の危険さえ感じました（笑）。もともとは学級経営について、マジメに平和に授業を終えるはずだったんですが。

この授業をきっかけに、「ゆとり」と言われることが学生たちにとって、予想以上に切実な問題であることがよくわかったわけです。そこから岡本先生と語らって本の企画に至ったというのが、ここまでの経緯です。本の制作にあたり、われわれだけが世代について外側から語るのではなく、「ゆとり世代」に含まれるみなさんに、ぜひいろいろ意見を出してほしいと思って、この座談を設定しました。

ここには次世代バッシングという側面や、世代を名づけることによる思考停止といった問題もある。私自身、世代論・若者論やこの「ゆとり」問題をいろいろ学んでみて、面白いなと思ったのは、教育の諸側面があらためて見えてきたことです。この問題について、もっと一人ひとりが自律的に考えられるようになるといいと思っています。

岡本智周（一九七一年生まれ）▼今日はみなさんのほうから、自分の経験や、あるいは「ゆとり」と名指される現象について、意見を出してほしいと思っています。

ここにひとつ雑誌を持ってきました。表紙に「ゆとり世代のセカンドライフ」とあります（一同、笑）。定年後の第二の人生をいかに豊かにするか、といったコンセプトの中高年向けの雑誌です。「ゆとり」「ゆとり世代」という言葉は、かつては多くの場合、こうした意味あいで使われていました。これは二〇〇七年発行の雑誌で、そう遠い過去のことではありません。数年のあいだに言葉の使われ方が変化してきた、ということです。だから、ゆとり教育・ゆとり世代として使われる「ゆとり」を、まだおっかなびっくり使っている状況もあると思う。ゆとりって、そういう意味だっけ、と。

私自身は、社会のなかで言葉が定着したり、しなかったり、といったところに関心があるのですが、大事なのは、ふだん使われている言葉が、かならずしも固定的な意味をもっているわけではない、ということです。今後も動かぬ意味をもちつづけるだろうと素朴に考えてしまうのではなく、言葉の使われ方についても、人間はいろんなことを考えられるのではないか。とくに、それが自分たちに向かって突きつけられる言葉であるときには、疑ってかかっていいのだと思います。

この座談会は二〇一三年九月、筑波大学でおこなわれた。

筑波大学人間学群教育学類の学生、教育学を研究している大学院生・修了生を中心とした座談参加者は九名。そのうち七名が、一九八九(平成元)年~一九九四(平成六)年生まれである。「ゆとり教育」と呼ばれる「完全学校週五日制」「総合的な学習の時間」が導入された学習指導要領が、小・中学校で実施されたのは二〇〇二年。この七名が中学二年生~小学校二年生のときだった。

まず会の最初に、小・中・高校時代に身近だったゲームやモバイルなどについてフリートークであげてもらった。

◉小学校時代——ニンテンドー64が流行ったのが小学三~四年、プレステ2が小五~六年(平成元年生まれ)●ポケモンは「初代」を兄たちがやり、自分たちは「金・銀」版●ゲームボーイがカラーになった●ゲーム機を持っている友だちが人気者で、そうした子の家に遊びにいった●授業でパソコンを使いはじめていたが、インターネットはまだ速度が遅く、クリックしてはちょっと待つ、という操作だった。

◉中・高時代——ケータイを持ちはじめた。高校から持ちはじめる子が大多数で、中学生の場合には家族共通のPHSが主流。家庭の方針しだいだった●ミクシィを高校時代に使う。いまはLINE●通信メディアやゲームについて少し下の世代と話すと、ギャップを感じる。「スーファミ」(スーパーファミコンの略)という言葉が通じず、軽くショックを受けたことも。

◉総合的な学習の時間についての印象はいろいろ……●小学校で獅子舞の研究などをやったが、「休める時間」の印象だった●中学では文化祭の準備やクラスの話し合いにあてられ、高校では「総合」がなかった●「総合」はなかったが、自由研究の時間があった●高校で二週に一回、外部講師による授業がおこなわれ、ためになった●「総合」の記憶そのものがあまりない……など。また、塾に行くかどうかは、人それぞれだったという。

*——以降、座談発言者については、本書の著者をのぞき、「さん」呼称が女性、「くん」が男性。所属は座談時のものである。

いつ、どんなときに、だれから言われてきたか

小泉さん(一九八九年生まれ、卒業生・高校教員)▼いちばんよく「ゆとり」と言われたのは、高校時代です。中学半ばから完全週五日制に変わったんですけど、高校の先生たちはかなり辛口で、「キミたちはゆとり教育の失敗作だからね」って、だいぶ言われました。大学院時代にはバイト先などで、集まりが悪い、ノリが悪いという意味で、「ああ、ゆとり世代だね」ってよく言われましたね。そして就職活動のときには、やたらめったら「ゆと

り」「平成元年生まれ」と騒がれました。いよいよ「ゆとり」が社会にくるぞ、平成生まれがくるぞ、と。

だから、高校時代は学力面で、教えられていない世代・できない世代という意味で言われ、バイト先ではコミュニケーション能力とか、異世代と関わりたがらないという意味で言われたと思う。「個人的な理由で、飲み会や上の人との交流会をことわるのがキミたちの特徴だ」と言われたこともあります。それに対しては、とくに怒りもせずに「ああ、そう思っているんですか」って聞き流していました。

長くん（一九八九年生まれ・院生）▼ぼくは剣道をやっているんですが、先輩方との稽古や飲み会などで言われます。一対一の稽古でついていけなかったときや、「もう飲めませんよ」と言ったときなんかに、「オマエはゆとりだからな」と。で、それを理由にまた飲まされる。でも、よくよく考えてみると、その先輩も、あまり歳が変わらない（笑）。

だから、「ゆとりだ」と言われるけれど、そこにはちぐはぐさがあるというか。適切じゃないと感じます。ぼくは私立の中・高だったので、公立で完全週五日制が始まってからも土曜に授業がありました。カリキュラムとしては、自分は「ゆとり教育」を受けていないのに「ゆとり」とくくられるのは、やはりコミュニケーション能力とか、違う世代との関わり方の意味あいなのかな、と思う。迎合できないところとか。「そんなこと言われてもねえ、どうしようもないじゃないか」という気はしますね。

赤池くん（一九九一年生まれ・学部生）▼ぼくは高校時代、強豪校でバスケットをやっていて、そこで少しでも何か妥協すると、トレーナーが「ああ、ゆとりだな」と。そのとき、『ゆとり』って、なんにでも使えるんだなと思いましたね。少しでもネガティブなところがあると、その世代だというだけで「ゆとり」「ゆとり」と言われるという印象は、けっこうまえからありました。

小泉▼このちぐはぐ感とイヤな感じは、血液型のB型バッシングと造りが似てると思う。「ああ、B型だからね」と言われ、根拠もなく「そうね」とされてしまう空気があって。B型だから○○なのか、○○だからB型なのか、順序がわからなくなる感じ。「ゆとりだから協調性がない」「ゆとりだから、これはできないよね」というバイアス、前提がおかれていると感じます。

「ゆとり」って、学力の低下という話から離れて、メンタリティに関するほうへ行ってしまっていますよね。もともと文科省は「ゆとりのある○○」「時間や精神のゆとり」という言い方をしていたはずで、「ゆとり教育」という言葉は使ってなかったと思うんです。それが、「ゆとりの教育を受けた子は、こういうメンタリティ」というふうに変わってしまった。

いったい、なんで、くくられる?

安田さん（一九九〇年生まれ・院生）▼ここまで話を聞いていて思ったのは、失敗すると「ゆとり世代だから」と言われがちなことを、チャンスと見ることもできるのかな、と。「ゆとり世代だからできないだろう」と思われていて期待度が小さいぶん、できちゃったりすると認めてもらえたり、「ゆとり世代だけどガンバッてる」って言われるとか（一同、笑）。若い人が何かをできないとすぐに「ゆとりだから」と言うのは、ケータイの使いこなしをはじめとして、大人の側が若い人についていけないことの裏返しじゃないのかな。

富田さん（一九八九年生まれ・院生）▼昔から「いまの若い者は」と、年老いた人は言いつづけてきて、そこへ「ゆとり」という名づけができたから、「ゆとり世代は」となっているだけなのかな、と感じます。だから「ああ、また言ってるよ」と受け流すというか。

山田くん（一九九〇年生まれ・院生）▼「ゆとり世代」はグループとして語られていて、グループとして何か言われても、「おれは別に」と思うんですけど。だから、くくられることを気にしない。マイナスのレッテルを張られても、自分にはあてはまらないやと思い、プラスのことを言われたときだけ「ああ」と言うとかしないと、ストレスがたまっちゃう。

小泉▼「〝ゆとり〟の平成生まれが社会にくるぞ」とさかんに言われたとき、この世代をどう扱うか、どう教育するかについての啓発的なビジネス書が書店に並んでいました。そこには、「新社会人のゆとり世代は、上司とつきあおうとしない」「ラクして効率よく仕事を終わらせ、サッと帰る」「プライベートと会社とを分けたいので、飲み会も行かない」などなど、特徴がずらっとあげられていました。

私たちの世代は、高校生のころにはケータイを持ち、SNSなども使ってきたので、人間関係が会社だけにとどまらないんですよね。子ども時代からの人間関係が切れずにあって。飲み会も、会社の人とばかり行っていたら、同級生と行けなくなる。関係性が、会社や仕事にとどまらず、多様化していると思う。会社の人とつきあわないと明日はどうなるのか、といった感じはなくて。

長▼以前は剣道の先輩方との飲み会はほぼ強制参加で、行くのがあたりまえ、行かないと怒られる、というものだったんですね。先輩たちも、学生時代にはきっとイヤだったんだろうなと。自分がイヤでもやっていたことをなぜオマエらもやらないんだ、という気持ちでいて、そこに登場してきた「イヤなら行かないよ」という人たちに向かって、「ゆとり」ということばを浴びせているんだと思う。

坂口くん（一九八五年生まれ・院生）▼ぼくのちょっと下は「ゆとり世代」とくくられていて、じゃあ自分たちはどうかな、と考えてみたんですけど。「自分探し世代」と言う人もいて、たしかに自分たちは「個性、個性」と言われつづけてきたなと思います。それで、まちがって茶髪にピアスして怒られちゃった、というような人もいました。ぼくたちは

「ゆとり」よりむしろ、昭和生まれと平成生まれの違いはけっこう気にします。ぼくは昭和生まれです（笑）。

長▼同世代のなかでも、すごく差異があると思うんです。教育環境だってそれぞれだし、人はもっと多様化しているのに、くくられている。そして、「ゆとり」というくくりだけが教育の言葉で語られている。ほかの世代については、「氷河期」も「団塊」も、社会の言葉ですよね。ぼくたちだけが教育にまつわる言葉で語られ、よりピンポイントになって、「そういう社会にいた若者の彼ら」ではなくて「こういう教育を受けた彼ら」というように、あたかも要因がハッキリしているかのように言われている。本当は、ほかの世代間においても、学習指導要領は変化しているはずなのに。

「ゆとり教育」と大学入試のビミョーな関係

佐藤▼ここまでの話にも出たように、「ゆとり」が語られるとき、そこには学力の面と、人間関係やコミュニケーションの面があります。後者については教育の影響という話ではなく、社会情勢や家庭の変化の影響もあるでしょう。みなさんが育ったのは、時代の変化が激しい時期だったと思います。政権交代が二度あり、経済情勢の変動も大きい。ケータイほか、メディアの加速的な展開も重なっています。いずれにしても、意味を見いだせない飲み会に行かないなどは、学習指導要領が変わったこととは関わりのない話です。

元谷さんは、高校で三十年近く国語科の教員としてやってきて、この世代を教えた経験がありますね。

元谷さん（一九五八年生まれ・元高校教員）▼私は同じ高校に二度赴任した経験があるんです。その二度目の生徒たちが、いわゆる「ゆとり世代」でした。

その高校では、生徒たちが中学卒業までに学んできた内容を教員自身がきちんと把握して教える、ということをしていました。ゆとり前世代であれば、入学後比較的スムーズに高校の授業がスタートできたのですが、「ゆとり世代」は、知らない、習っていない、定着していないということが各教科で話題になりました。たとえば英語では筆記体や発音記号を見たことがない、国語では教科書の漢字が読めない、書けない……。高校の現場では、「ゆとり前世代」と「ゆとり世代」の学習量や内容の差を感じていました。地方の進学校に勤務していましたので、いわゆる有名私立大学や難関国立大学の二次問題などは出題内容のレベルが変わらなかった状況で、「ゆとり」以前と同じ入試を突破する力をいかにつけるかが課題でした。一方、一部の有名人気私立大学や中堅大学、センター試験の出題内容はだんだん易しくなってきて、簡単に点数がとれてしまう、受かってしまうという状況が増えて驚きました。「ゆとり世代」に合わせて入試が多様化・易化したように思います。大学入試との関係からとくに、高校教員は「ゆとり」と「学力」の問題を言わざるをえなかったと思うんです。

「ゆとり世代」とくくられますが、生徒たちは、そのなかでも差異を感じているようです。二〇一三年三月に高校を卒業した子たちが、「最強のゆとり世代」と自分たちのことを言っていたんですね。言葉が面白かったので、なぜかと聞くと、「簡単な内容で希望の大学に行けた。少ないエネルギーでここまで来た。もし一歳下だったら、『ゆとり』の最後の学年になっていた。そこで浪人したら、その下の新課程の入試を受けなくてはならず、少し難しい内容を勉強しなくてはならなかった」と。ただ、「最強だ」と言いつつも、ある意味ちょっとおびえてもいて。下の子たちと、少し教科書の中身が違っているからです。上を見ておびえるのではなく、下を見ておびえている。

池本さん（一九九四年生まれ・学部生）▼それ、わかります。受験勉強を始めた高校三年のとき、一年生が数学と理科で「脱ゆとり」をして*、高一から生物を学びはじめてた。それを見て、「あ、すごいな」と思って、引け目を感じちゃいましたね。「もし、大学に二回落ちたら、私はどうするんだろう」と。浪人したら大変だと。

（会場：ため息。「それは切実だ」）

元谷▼だから、この年の人たちはすごくがんばった。

佐藤▼今年のセンター試験もたいへん難しかった。すごい経験や苦労をしていますよね。

元谷▼「ゆとり世代」は、たまたまその教育制度に入ってしまった世代ですよね。「キミたちのせいではない」と生徒たちに言ったんですが、この言葉は、いま三十代後半の団塊ジュニア世代にも、当時言ったことなんです。あのとき、大学の偏差値が異常に上がって、それ以前の受験生よりも実力があるのに志望大学になかなか受からなかったり、大学を出るときは就職氷河期ともいわれたりして、進路指導が困難をきわめました。キャリア教育を再考し、生徒たちには「社会情勢によって、実力や願いがあっても第一希望が叶わないことがある、それでも第二、第三希望で生きていく力を持っていることが大切だ」と伝えました。

佐藤▼いまは「脱ゆとり」といわれますが、新しい学習指導要領になるとき、高校では教える内容をどう調整しているのでしょうか。

元谷▼教員が対応できるように、学習指導要領実施の二年前から、各教科への伝達講習や研修がありました。変更点の一覧表があり、旧課程と新課程の違いや中学校での内容も把握します。新課程初年時は、新入生のみが新課程で、二年生は一部教科が前倒し、三年生が旧課程と、三学年が違っていました。二年生と三年生には、何が違うのかを授業などで知らせていました。

＊数学と理科で「脱ゆとり」……二〇一二年四月に、新学習指導要領が高校で一部先行実施されたことをさしている。

同じ量・同じ内容の教育だと安心できる？

佐藤▼「ゆとり教育」は、教科書の厚さや内容量、授業時数という面から、つまり量的にみて否定されることが多いわけですが、しかし、学力をどうとらえるかという問題があります。考える時間・自由な時間があるからこそ身につくものもあるはずです。たとえば、学び方の学び、あるいは発想力などです。

量的に教えられたものが少なかったという実感や、それによって現実問題として困ったという経験がある人はいますか？

池本▼大学の講義で先生が筆記体で書くと、どうしよう、読めないかなとあせることはあって、自分でちょっと勉強はしました。でも、高校時代にはそうした感覚はなく、ふつうにがんばっていたという自負はあります。

複数学生▼学んでいる内容が多いとか少ないとか、自分ではわからない。量的にも、受験勉強だってかなりやって、大変だった。

佐藤▼私はいまの学生に接していて、発想が豊かだと感じます。英語の筆記体は教わっていなくても、リスニング力がある。国際理解力もある。新たな特性、違うタイプの力が備わっている。それは否定されるものではなく、さまざまなタイプの人がいることで、いろんな発想が生まれて楽しめることであるはずです。新しいタイプの能力と考えずに、なぜ

「量」という側面だけで、教育内容や学習指導要領というものをとらえようとするのか疑問です。

長▼能力というものを、あるひとつの定まったものと見ていることが、問題を難しくしていると思うんです。

佐藤▼そして、学習指導要領をつくった人たちが、ギスギスした日本の状況をなんとかしたいと本気で考えて、出てきたのが新学力観であり、「ゆとり教育」であったはずなんですね。一方、国際比較をすれば、教科書を検定して、きっちり内容を縛ってやっているのは日本くらいで、大学受験のしかたもそれぞれの国で違うわけです。

長▼（学習指導要領の違いで）学習内容の分断ができるというけれど、それがなぜ、社会に出たときにまで問題にされなくてはならないのか、と思います。自分が習った内容と次世代も同じだと安心できるのかもしれないけれど、それが世代間の差を埋めるのか。自分たちが習ったものと違うものを学んでいるから、違う人のように感じてしまう、というのはどうなのか、と。

岡本▼社会で必要な知識や技術は、多種多様にあるわけです。ある種のスタンダードがあったほうがよいということは教育の前提としてあるでしょうが、「以前と同じであることが価値をもつ」ということについては、立ち止まって考えてみてもよいと思いますね。

笑い話ですが、円周率を教えるのに３・１４ならよくて３ではダメだ、という言い方は、

3・1415…と続いていくものを語るうえで、その正当性はなんだろう、という話になるわけです。日本では九九ができることが社会的常識にされていますが、そうではない国もありますし、逆に、2ケタどうしのかけ算がそらでできて当たりまえの国もあります。国語の教材でも、漱石や鴎外が「定番」だとするならば、それはなぜなのか。「以前と同じがよい」といった以上の説明はもっと大事にされてよいように思います。「ゆとり」批判の文脈では、そもそも何が適正なのか、といったことについては、あまり模索されていないのではないでしょうか。

押しつけられたものを別の言葉で語りなおす

岡本▼今日みなさんが発言した、先行世代から言われてきた「ゆとり世代の特徴」は、学校教育とはほとんど関係のないものでした。どの時代にも若者はくくられ、批判的に眼差されてきましたが、みなさんの世代をくくるときに一番いいやすい見立てが、たまたまそのときの学校教育であり、それが事後的にマイナス面と結びつけられました。

団塊にせよ、新人類にせよ、くくりをプラス評価としても定義しなおす、ということがされてきたように思います。団塊であれば「しかしパワフルだ」、新人類であれば「たしかに新しい感覚をもっている」と。でも、「ゆとり世代」だけが洒落で終わらず、ぬきさしならない印象になってしまっている。こうした世代論が自分たちに突きつけられたとき、そこにプラス面を定義しなおす、ということができるのかどうか。どうでしょうか。

赤池▼ぼくらは読む力があると思います。メールなどをはじめ、短い時間のなかで文章のやりとりをすることが多いし、相手のことを想像する力、読解力、空気を読む力があると思う。こうしたものはネガティブに語られることもあるけれど、プラスと見ることもできます。

安田▼私たちの世代は発想力もあるけど、行動力もあると思う。「ゆとり世代」は、自分の可能性を過信しているかも（笑）。学生時代に起業した人もまわりにはけっこういます。大学生たちで「世界に発信しよう」って活動したりもしていました。思ったことを行動に移せる力が強いかな。

坂口▼「ゆとり世代」といわれている人たちは物怖じしない、という印象があります。さらっとことわれる力があって、見ていてうらやましく感じることがある。飲み会を堂々とことわれていいなとか。どこでもやっていける感じがするんですよね。

山田▼自分は自分、というのが、この世代のプラスの特徴ではないかと思う。

富田▼帰国子女の多い大学にいたのですが、そこにはすでに、ゆとり世代についていわれる特徴がありました。迎合しないようなところです。留学先でも、物怖じせずに人にものを言えたりしたので、かつての世代が感じた苦労を私はあまり感じませんでした。でも、いま、「海外で通用する力」を求められる一方で、旧来的な日本的な振る舞い方も求められる。上の世代や社会から、ダブルスタンダード的に求められていると感じます。結局、どっちを求めているの？　と。

いまはネットなどで海外事情もすぐにわかって、たとえば日本の労働時間はおかしいと、すぐわかるじゃないですか。日本と違ってこんなに自分の時間を大切にしてるんだ、とか、フランスでは一か月バカンスがとれるんだ、とか。そんななかで、いやいやながらの飲み会につきあうなんて、どうなの？　と思うのは当たりまえじゃないですか。

第3章

教育施策のコンセプトを読む

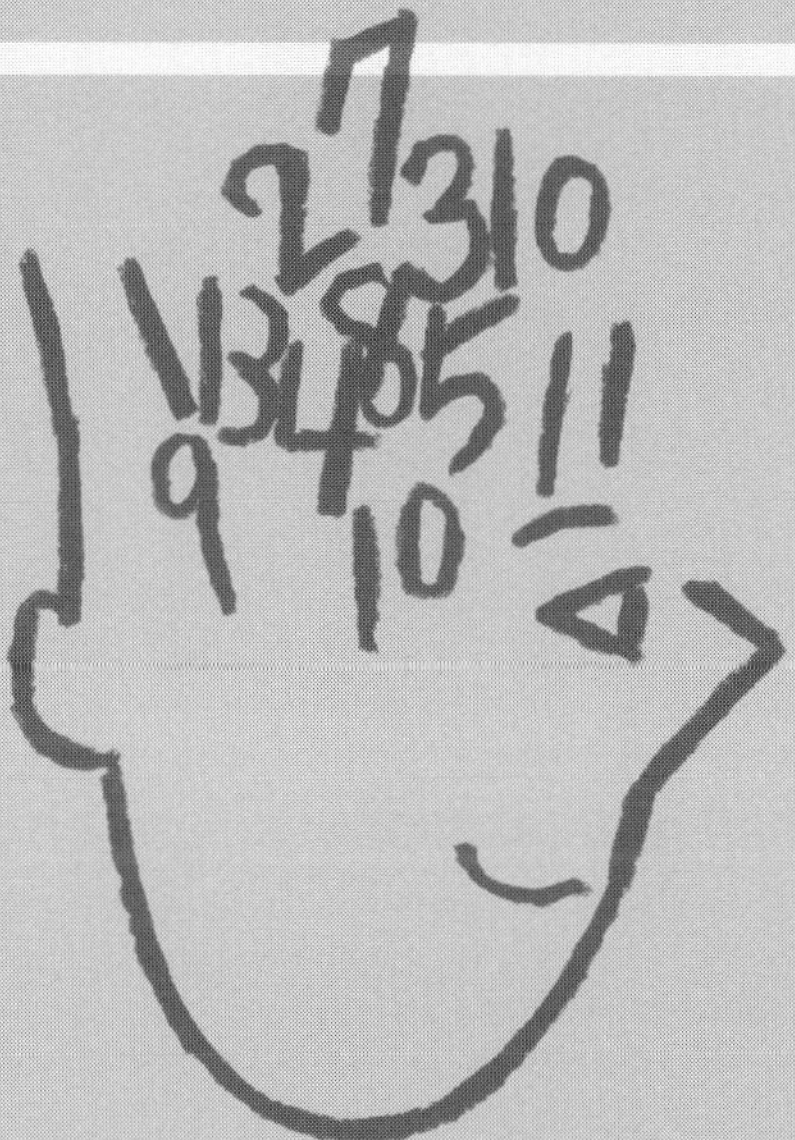

佐藤博志

そもそも「ゆとり教育」って、なに？

ゆとり、新学力観、生きる力

「ゆとり教育」とはいったい、なんでしょうか。

最初に確認しておきたいのですが、文部科学省は「ゆとり教育」という言葉は使っていません。一九七七年改訂の学習指導要領で、それまでの激しい受験競争や詰め込みを中心とした教育への反省から、「ゆとりある充実した学校生活」の実現が図られました。その後、一九九六年の中央教育審議会答申で、『今後における教育の在り方として、『ゆとり』の中で、子供たちに『生きる力』をはぐくんでいく」と言われました。これを受けて、一九九八年の教育課程審議会答申では、「ゆとりのある教育活動を展開する中で、基礎・基本の確実な定着を図り、個性を生かす教育を充実すること」が提言されました。このように、教育政策では「ゆとり」は「余裕」という意味で使われており、子どもを甘やかすような意味あいは入っていませんでした。

仮定の話になりますが、一九七七年当時、文部科学省が「余裕ある充実した学校生活」と表現していたとしたら、現在「余裕教育」と呼ばれていたのでしょうか。「余裕教育」なんて、なんだかおかしな言葉ですね。でも、「ゆとり教育」も、私たちは慣れてしまっていますが、本当は「余裕教育」と同じくらいおかしな言葉なのです。

「ゆとり教育」は、教育政策の言葉の一片をとりだした造語ですが、評論家の言説やメディアなどを通じて世の中に広がり、教育を語る言葉の一つとして定着しました。

一九七七年改訂の学習指導要領、一九八九年改訂の学習指導要領も、広くは「ゆとり教育」と呼ばれることがあります。しかし、受験競争を緩和し、人間性を尊重するものと好意的に受けとられ、批判されませんでした。一九八九年改訂の学習指導要領は、知識基盤社会、高度情報化社会に対応する「新しい学力観（新学力観）」を導入したため、評価されています。「新学力観」とは、自ら学ぶ意欲や、思考力、判断力、表現力などを学力の基本とする学力観です。これは、経済協力開発機構（ＯＥＣＤ）の生徒の学習到達度調査（ＰＩＳＡ）でも重視されており、現在も「生きる力」として継承されています。（教員採用試験の勉強をしたことがある人は「一九五八年、一九六八年改訂の学習指導要領は、詰め込み、教師中心。一九七七年、一九八九年、一九九八年改訂の学習指導要領はゆとり、児童生徒中心。カリキュラムの振り子は、受験競争を緩和するために、詰め込みからゆとりへと揺れた」と勉強したと思います。このような理解は、あまりにも単純化しすぎているのですが、振り子の比喩が初学者にはわかりやすいので、よく説明に用いられます。）

では、「ゆとり教育」という言葉は、いつから批判的な意味あいで使われるようになったのでしょうか。それは、一九九八年頃です。一九九八年には、教育課程審議会答申が出され、学習指導要領が改訂されました。完全学校週五日制の導入と生涯学習社会への意向が意識されました。そして、教育内容の厳選（三割削減）、授業時数の縮減が実行され、学力はたんなる知識の量ではなく、自ら学び自ら考える力などの「生きる力」を理念ととらえることになりました。

九八年改訂学習指導要領をきっかけとした批判

一九九八年改訂の学習指導要領の完全実施は二〇〇二年度でした。しかし、一九九八年改訂学習指導要領は、その告示の前後から、学力低下や国力低下を招きかねない「ゆとり教育」と呼ばれるようになりました。この間の動きを市川伸一はつぎのようにまとめています。

「理数系の学力低下論者たちは、その後次々に出版物を発行して、世の中に学力低下問題をアピールしてきた。『分数ができない大学生』（東洋経済新報社、一九九九年六月刊）のあと、岡部氏・戸瀬氏・西村氏という同じ編者によって『小数ができない大学生』（東洋経済新報社）が発行されたのは、二〇〇〇年三月である」（市川伸一『学力低下論争』筑摩書房、二〇〇二年、一一二頁）

このころ、新聞、雑誌などでゆとり教育、学力低下に関するテーマがとりあげられました。その立場はさまざまですが、なんらかのかたちでゆとり教育に対する批判が含まれています

（市川伸一、同上書、一一六―一二三頁）。

ここで「ゆとり教育」は、ネガティブな教育の結果を招くものととらえられています。そして「ゆとり教育」を受けた人たちが「ゆとり世代」と呼ばれている。当然、「ゆとり世代」にもネガティブな意味が含まれています。

実際には、一九九八年改訂の学習指導要領世代の大学生も、忍耐力をもって勉強し、受験競争を経験して大学に入学しています。このことは少し考えればすぐにわかるはずなのですが、その思考を止めてしまうところに『ゆとり教育』『ゆとり世代』概念の怖さがあります。「文部科学省がゆとり教育で日本を滅ぼした」などとの物騒な批判をときどき聞きます。たしかに文部科学行政には多くの課題があります。しかし、「資源がないにもかかわらず、人材育成によって発展してきた日本」で、そんなに的外れな教育政策が実施されるでしょうか。一九六〇年代の高度経済成長時代、教師主導の教育方法、系統主義のカリキュラム、受験競争によって、生産性・耐性・応答能力を有する人材育成が目指されました。当時の教育政策が、重厚長大といわれた産業構造に合致し、高度経済成長に貢献したことは、アメリカの研究者からも指摘されています[1]。

もちろん、一九六〇年代に、排他的競争が跋扈し、人間性が軽視されたことも忘れてはなりません。どのような教育政策、カリキュラムにも長所と短所があり、実施上の難しさがあるはずです。この点を紐解くために、一九九八年改訂の学習指導要領のもともとのアイデア、つまり源流をふり返りたいと思います。

学習指導要領、その改訂と実施

学習指導要領は、全国的に一定水準の教育を受けられるようにするために、学校教育法等にもとづいて、各学校で教育課程を編成するさいの基準を定めたものです。

『学習指導要領』では、小学校、中学校、高等学校等ごとに、それぞれの教科等の目標や大まかな教育内容を定めています。また、これとは別に、学校教育法施行規則で、例えば小・中学校の教科等の年間の標準授業時数等が定められています。各学校では、この『学習指導要領』や年間の標準授業時数等を踏まえ、地域や学校の実態に応じて、教育課程（カリキュラム）を編成しています」（文部科学省「学習指導要領とは何か？」）

学習指導要領は改訂が告示され、その趣旨が周知・徹底されたあと、実施されます。平成以降の小学校・中学校・高等学校の学習指導要領の改訂・実施の時期は下記のとおりです。便宜上、本書では、「二〇〇八年改訂学習指導要領」のように、小学校等の改訂に合わせて改訂時期などを総称します。

●一九八九年改訂学習指導要領
小学校・中学校・高等学校で一九八九（平成元）年改訂
［小学校］……一九九二（平成四）年四月実施
［中学校］……一九九三（平成五）年四月実施
［高等学校］…一九九四（平成六）年四月実施（学年進行）

●一九九八年改訂学習指導要領
小学校・中学校で一九九八（平成十）年改訂
［小学校］……二〇〇二（平成十四）年四月実施
［中学校］……二〇〇二（平成十四）年四月実施
高等学校で一九九九（平成十一）年改訂
［高等学校］…二〇〇三（平成十五）年四月実施（学年進行）

●二〇〇八年改訂学習指導要領
小学校・中学校で二〇〇八（平成二十）年改訂
［小学校］……二〇一一（平成二十三）年四月実施

［中学校］……二〇一二（平成二十四）年四月実施

高等学校で二〇〇九（平成二十一）年改訂

［高等学校］…二〇一三（平成二十五）年四月実施（学年進行）

新学力観という原石——主体的思考・判断・表現の尊重

新学力観が目指したもの

一九九八年改訂の学習指導要領を理解するためには、新学力観と生きる力という言葉を理解しておく必要があります。とかく、一九九八年改訂学習指導要領イコールゆとり教育と捉えられがちなのですが、「ゆとり教育」ではなく、新学力観と生きる力が基本原理なのです。

まず、新学力観について述べます。新がついている場合、旧は何かが気になりますね。旧学力観は、教科書の暗記・解法パターンの習得・受動的学習を意味します。これは一般に受験学力とも呼ばれます。とくに、大学入試センター試験の設問はこの典型といえます。旧学力観は、端的には一九六〇年代の高度経済成長時代に適しており、長く見ても、昭和の時代までが賞味期限でしょう。新学力観は、まさに、昭和から平成への年号の変化にともなって現れました。平成の学力観と位置づけるとわかりやすいかもしれません。

学習指導要領・改訂と実施の流れ

1977	学習指導要領の改訂「ゆとりと充実」　＊高等学校は78年改訂	
1984〜87	臨時教育審議会 第一次〜第四次答申 ・個性重視の原則 ・生涯学習体系への移行 ・変化への対応	
1989	学習指導要領の改訂「新しい学力観」	
1990	指導要録の改訂（観点別評価の導入、相対評価から絶対評価へ）	
91		
92	小学校で実施　■学校週５日制（月１回）	
93	中学校で実施	
94	高等学校で実施	
1995	■学校週５日制（月２回）	
96	中教審答申「21世紀を展望した我が国の教育の在り方について：子供に［生きる力］と［ゆとり］を」	
97		
98	学習指導要領の改訂「生きる力」　＊高等学校は99年改訂	
99	完全学校週５日制 総合的な学習の時間	
2000		第1回PISA実施
01		
02	小・中学校で実施　■文科省・確かな学力の向上のための2002アピール「学びのすすめ」発表	
03	高等学校で実施　■学習指導要領一部改訂	PISA 2003 PISAショック
04		
2005		
06	教育基本法改定	PISA 2006
07	全国学力・学習状況調査開始	
08	学習指導要領の改訂「生きる力」　「ゆとり」か「詰め込み」かではなく ＊高等学校は09年改訂	
09	小・中学校で一部先行実施	PISA 2009
2010	授業時間数の増加 教育内容の一部が下級学年に移行	
11	小学校で完全実施	
12	中学校で完全実施／高等学校で一部先行実施	PISA 2012
13	高等学校で完全実施	
14		
2015		PISA 2015

新学力観は、自ら学ぶ意欲、思考力、判断力、表現力などを重視し、生涯にわたる学びの基礎となる自己教育力を中核としています。もちろん、基礎学力の習得を前提としています。この学力観は、一九八七年の教育課程審議会答申で提案され、一九八九年改訂の学習指導要領の理念となりました。現在、私たちは、変化の激しい社会のなかで生活し、それぞれの職場で、新しいことを生涯学びつづけないと仕事を遂行できないことを実感しています。膨大な情報のなかで、本当に大切なことは何かを考え、判断し、アイデアを表現・発信する必要も生まれています。実際に、ウェブサイトなどで、新しい考え方や作品が発信されています。ただし、苛酷な労働環境のなかで、こうした機会とは縁遠い人も多いのが現実で、政策理念と実態との乖離にも注意する必要があります。とはいえ二十五年以上前に、このような能力の必要性が推測され、学習指導要領で新学力観として提案されていたのです。

この新学力観は、一九九八年改訂学習指導要領、そして、二〇〇八年改訂学習指導要領でも、継承されています。まさに、平成の学力観なのです。このことを鑑みれば、一九九八年改訂学習指導要領だけピックアップして、「ゆとり教育」と揶揄することが的外れなことがわかると思います。

新学力観を旧学力観の全否定と受けとめ、「暗記の指導はいけない」「しかってはいけない」「徒競走での順位づけはいけない」との誤解も一部で当初はあったようです。しかし、本来、新学力観のカリキュラムにおいても、勉強をする以上、暗記や解法パターンの習得が必要な単元や場面もあります。徒競走、サッカー、跳び箱などで、競いあう経験も必要です。私たちも、外国語を学習するときや新しい仕事を覚えるさい、暗記やパターンの習得が必要です。当然、学級での授業への集中、生活習慣、人間関係にかかわって、児童生徒を注意する場面もあるでしょう。新学力観は、過去の学習指導方法のよい点や必要な点を引き継ぎ、基礎基本の習得をふまえて、思考力、判断力、表現力の育成を尊重する考え方といえます。

キー・コンピテンシーと新学力観

二〇〇三年に、ＯＥＣＤは、キー・コンピテンシー（主要能力）を設定しました。このキー・コンピテンシーはＰＩＳＡの基本的な考え方に採用されています。

キー・コンピテンシーは、「①社会・文化的、技術的ツールを相互作用的に活用する能力、②多様な社会グループにおける人間関係形成能力、③自律的に行動する能力」を意味します。その中心には、「個人が深く考え、行動することの必要性」があり、「深く考えることには、目前の状況に対して特定の定式や方法を反復継続的に当てはまることができる力だけではなく、変化に対応する力、経験から学ぶ力、批判的な立場で考え、行動する力が含まれる」とされています（文部科学省ウェブサイト「ＯＥＣＤにおける『キー・コンピテンシー』について」）。

このキー・コンピテンシーは、変化の激しい知識基盤社会において、仕事を遂行し、充実した生活をおくるために必要な能力です。新学力観は、反復練習やパターンの暗記と想起に主軸を置いていた旧学力観から脱却し、いわば深く考えることを尊重しています。新学力観は、一九八七年の教育課程審議会答申におけるアイデアですので、二〇〇三年のOECDキー・コンピテンシーほどは概念化されていませんが、その先見の明があったといえます。

新学力観の提案から二十五年以上が経ちました。私たちは、なぜ学ぶのでしょうか。いつの時代も大切なことは、教師や保護者が、学ぶことをどのように意味づけて、子どもに説明するかです。大学合格が最終目標ではなく、就職したあとも、学問や仕事の作法を学び、困難を乗り越え、仲間と共に充実した人生を過ごせるようになることが目標のはずです。そのために、生涯伸びていける根っ子を幼少期から青年期までに育てなければならないのです。新学力観は、現代社会において、根っ子を育てるために、いわば、どのような栄養がふさわしいのかを考えるための一つの指針なのです。

原石に影を落とす指導要録――「関心・意欲・態度」を評価する問題点

成績評価における八九年の変更点

ただし、ここで一つ問題点を指摘しておかなければなりません。新学力観は、学習指導要領（カリキュラム政策）の理念としてはよかったと思いますが、指導要録の評価項目（評価政策）に大きな問題があったという点です。

指導要録は「児童生徒の学籍並びに指導の過程及び結果の要約を記録し、その後の指導及び外部に対する証明等に役立たせるための原簿となるものであり、各学校で学習評価を計画的に進めていく上で重要な表簿」です（文部科学省「小学校、中学校、高等学校及び特別支援学校等における児童生徒の学習評価及び指導要録の改善等について（通知）」、二〇一〇年五月十一日）。

これは教師の成績のつけ方のルールですから、実践に大きな影響を与えています。文部科学省は学習指導要領の改訂にともない、指導要録の様式の参考案を示し、教育委員会が様式を定めます。とはいえ、基本的には、文部科学省の様式と考え方が、全国の教育委員会に踏襲されています。

一九八九年学習指導要領改訂にともない指導要録が、成績評価の観点は、「関心・意欲・態度」「思考・判断」「技能・表現（又は技能）」「知識・理解」となりました。この考え方は、一九九八年改訂の学習指導要領にともなう指導要録でも踏襲されています（二〇〇八年改訂学習指導要領にともなう指導要録では、「知識・理解、技能」「思考・判断・表現」「関心・意欲・態度」になりました）。同時に、相対評価（集団に準拠した評価）から絶対評価（目標に準拠した評価）に変わりました。

まず、後者の相対評価から絶対評価への変更について説明しましょう。

相対評価から絶対評価へ

相対評価は、テスト結果が正規分布になることを前提に五段落の評定が決められていました。昭和の時代の中学校では、5は七％、4は二四％、3は三八％、2は二四％、1は七％と決められていました。しかし、実際のテスト結果は正規分布にはならないので、一点差で、5になったり、4になったりします。ここから、「5を取りそうな生徒に勝たなければ」「5を取りそうな生徒がテストを失敗すれば」という発想が生まれ、排他的競争、いわゆる熾烈な受験競争につながりました。このような相対評価による排他的競争が、他者への優しさ、寛容、率先して協力する意識と行動、自己肯定感などの面にわるい影響を与えたことは言うまでもありません。

したがって、相対評価から絶対評価への変更は、平成の時代において、相互扶助と寛容を尊重する社会を形成するために、ひじょうに重要でした。新学力観やのちに提案される生きる力にも合致しています。（大学生を対象にした研究ですが、相対評価は学習意欲を低下させるだけでなく、「協力関係の発生を抑制し、協力を通じて学習効果を上げるという筋道を閉ざす」という報告もあります。(2)）

「関心・意欲・態度」は評価にそぐわない

一方、指導要録では、「関心・意欲・態度」が評価項目に入りました。ここに大きな問題があります。「思考・判断」「技能・表現（又は技能）」「知識・理解」は、アウトプット（答案、作文、発表、応答、作品、運動、演奏等）がありますので、評価の基準をつくることが可能です。ところが、「関心・意欲・態度」は情意面なので、どんなにアウトプットを記録・分析しようとしても、断片的な手がかりにすぎず、測定は不可能です。また、ひじょうに手間がかかるうえに、教師の主観や推測（場合によっては憶測）に委ねられます。教師と生徒のあいだに「相性」の問題がつねに介在することを考えると、「関心・意欲・態度」の評価の妥当性が危惧されます。

「関心・意欲・態度」という情意面の顕在化・潜在化は、児童生徒によって（あるいは同一児童生徒であっても教科によって）、異なります。たとえば、ひじょうにおとなしく、無口で、「意欲があるのだろうか」と思いたくなる生徒がいたとします。ところが、この生徒がよく吟味された抜群の語彙力・表現力で作文を書いて提出する場合があります。このようなケースを想起すれば、「関心・意欲・態度」の評価がおかしなことであることはすぐにわかるでしょう。

結局、人間の情意と行動は複雑で判別しがたいもので、評価にはそぐわないといえます。情意面は、成績によって誘導するよりも、教師の発問やクラスの人間関係づくりによって育てるほうが、ずっと効果的なのです。尾木直樹は、「関心・意欲・態度」の評価が、子どもたちに「『よい子』の演技」を強いており、思春期特有の「これまでの自分を壊して新しくつくり変えていく、そのことを通して自立していく」ような発達プロセスを妨げていると危惧しています（尾木直樹『尾木ママの 親だからできる「こころ」の子育て』PHP研究所、二〇一一年）。

教師も情意面の成績評価に疑問をもっています。長崎県の調査では、「『関心・意欲・態度』については小学校で約四〇％、中学校で約三〇％（中略）の教師が学習評価を円滑に実施できているとは感じていない」という結果が出ています（長崎県教育委員会「新しい評価の考え方及び指導要録の様式・解説」、二〇一三年、五頁）。教育委員会がおこなったアンケート結果ですらこの結果ですから、教師の本音を聞いたら、もっと大きな疑問が寄せられるでしょう。

生きる力という原石——「自立し共に生きる力」として

打ちだされた二十一世紀の「生きる力」

つぎに、生きる力について述べます。生きる力は、新学力観を継承・拡充するための概念として、一九九六年の中央教育審議会答申「21世紀を展望した我が国の教育の在り方について（第一次答申）：子供に［生きる力］と［ゆとり］を」で提起されました。

同答申では、「我々はこれからの子供たちに必要となるのは、いかに社会が変化しようと、自分で課題を見つけ、自ら学び、自ら考え、主体的に判断し、行動し、よりよく問題を解決する資質や能力であり、また、自らを律しつつ、他人とともに協調し、他人を思いやる心や感動する心など、豊かな人間性であると考えた。たくましく生きるための健康や体力が不可欠であることは言うまでもない。我々は、こうした資質や能力を、変化の激しいこれからの社会を［生きる力］と称することとし、これらをバランスよくはぐくんでいくことが重要であると考えた」と定義されています。いわば、新学力観をベースにしつつ、自主的・主体的問題解決能力の必要性を明確化し、他者との協調性、思いやり、感動する心など人間性の重要性をも唱えた概念です。

人間性の重要性は、だれも否定しないと思います。それどころか、二〇一五年実施のOECDのPISA（生徒の学習到達度調査）では、「読解力」「数学的リテラシー」「科学的リテラシー」に加えて、新たに「協働型問題解決能力」が設定されます。「協働型問題解決能力」で、協調性が必要とされることは言うまでもありません。「生きる力」における人間性の重視は、PISAの「協働型問題解決能力」を理念レベルで先どりしていたといえます。おりしも、一九九〇年代中葉から、家庭にパソコン、メール、インターネットが入ってきました。当時、知識基盤社会、高度情報化社会をだれもが予感しました。「生きる力」の理念は、時代に適合、あるいは先どりしたものであり、一九九八年改訂学習指導要領と二〇〇八年改訂学習指導要領で、継承されています。

「生きる力」のわかりづらさ

しかし、「生きる力」には政策コンセプトとして、問題点がありました。わかり難い点です。私は校長や教諭対象の研修の場で何度か「生きる力、わかりにくいですね」と言ってみたのですが、そのたびに、全員が失笑していました。それが教育界の実感です。市民の方はもっとわからないでしょう。それもそのはずです。私たちは、生きている（生きているから教師は研修に来る、子どもは学校に通う）のであって、とすれば、みな、すでに生きる力をもっているのです。だから、文部科学省が「これからは生きる力を子どもに身につけさせましょう」と言ったところで、ピンと来ないのです。

本当は、「生きる力」ではなく、「自立し共に生きる力」をコンセプトにしたほうがよかったと思います。共生は、言うまでもなく、他者との協調や思いやりを含む言葉です。さらに、グローバル社会で多様な文化や民族の人びとと友好的な関係をつくり、連携して学びや仕事を進めるために、不可欠な行動原理です。自立は、英語で、independentです。およそ英語圏の国ぐにで、教育目標を尋ねると、教育行政や学校の管理職の方も、保護者も、地域社会の人も、みな、「自立（independent）できるように育てることです」と答えます。そして、大学生も、たとえば大学の寮から出てルームメイトと暮らしはじめるときに、「このほうが自立しているから（that's more independent）」と言います。みんなが自然に自立を目指している。私たちの社会が忘れがちな点は、ここだと思います。「日本では、いつまでも若者（わが子）が自立しない」と嘆くまえに、大人たちが『将来、精神的・経済的に自立した人間に育てようとしているか」を問いなおすことが望ましいです。今後、国の教育方針として、共生と自立を鍵概念に入れたほうがよいと考えます。

付言すれば、現在も文部科学省は生きる力を金科玉条にしているようですが、これからは、回復力、持続力、柔軟性も求められています。回復力は、たとえば、落ちこんでも再度チャレンジできる力です。持続力は、たとえば、生活習慣を身につけ、学び、探究しつづける力です。柔軟性は、たとえば、けんかしても仲直りできる性質です。これらの三つの言葉を教員免許更新講習などで私は解説することが多いのですが、そのたびに受講者からは、「現場の子どもの実態を考えると同感です」との声が寄せられます。今日、生きる力の内容の再構築もまた求められています。

生きる力と「ゆとり」の結合——スコレーとしてのゆとり

九六年中教審答申で表現された「ゆとり」とは

もう一つ、残念な点は、文部科学省が生きる力とゆとりを結合させたことです。一九九六年の中央教育審議会答申では、「子供に［生きる力］と［ゆとり］を」というサブタイトルをつけて、「今後における教育の在り方として、［ゆとり］の中で、子供たちに［生きる力］をはぐくんでいくことが基本であると考えた」と述べています。

この一九九六年中央教育審議会答申の理念に沿って、一九九八年改訂学習指導要領がつくられました。一九九八年改訂学習指導要領は「ゆとり教育」そのものと呼ばれ、そこで学んだ人たちが「ゆとり世代」と呼ばれました。一九九六年の中央教育審議会答申の語り方を見ると、文部科学省が「ゆとり教育」「ゆとり世代」という造語を登場させてしまった、あるいは、そのきっかけを与えてしまったとも考えられます。

教育におけるゆとり概念の理論化が政策レベルで十分ではなかったことが、「ゆとり教育」「ゆとり世代」という造語の登場を許した一つの原因です。もう一度、同答申のゆとりに関する別の箇所をふり返り、考えてみましょう。

「まず、現在の子供たちは、物質的な豊かさや便利さの中で生活する一方で、学校での生活、塾や自宅での勉強にかなりの時間をとられ、睡眠時間が必ずしも十分でないなど、［ゆとり］のない忙しい生活を送っている。そのためか、かなりの子供たちが、休業土曜日の午前中を『ゆっくり休養』する時間に当てている。また、テレビなどマスメディアとの接触にかなりの時間をとり、疑似体験や間接体験が多くなる一方で、生活体験・自然体験が著しく不足し、家事の時間も極端に少ないという状況がうかがえる。このような［ゆとり］のない忙しい生活の中にあって、平成四年及び六年のＮＨＫの世論調査においても、『夜、眠れない』、『疲れやすい』、『朝、食欲がない』、『何となく大声を出したい』、『何でもないのにイライラする』といったストレスを持っている子供もかなりいることが報告されている」（中央教育審議会第一次答申「21世紀を展望した我が国の教育の在り方について」、九六年）

ここに書いてある内容には、おおむね、みな、賛成するのではないでしょうか。今日、こうした傾向は、テレビゲームなどのバーチャル・リアリティの進展、インターネットの日常化、スマートフォンの子ども世代への浸透により、いっそう顕著になっています。内容的には間違ったところはいっさいありません。最初の問題は、やはり、ゆとりという言葉を使ったところにあります。

スコレーの意義を理論化できなかったことの弊害

私たちはゆとりという言葉を、どんなときに使うでしょうか。「ゆとりがない」「この会社は忙しい。もっとゆとりが必要だ」という否定的な環境で使うことが多いです。前述の中央教育審議会答申でも、そのように使われています。休日が終わったあと、「今日は、ゆとりがあったね」とは言わないでしょう。「今日は、楽しかったね。おもしろかったね」と言うのではないでしょうか。このように考えると、教育政策においてゆとり概念がうまく位置づかなかった理由がわかるような気もします。

もっと重要な問題点は、教育におけるゆとりの本質として、余暇・閑暇の意義をはっきり打ちだせなかったことです。人間の生活、とりわけ、子どもの発達において、自由はひじょうに大切です。school（学校）やscholar（学者）の語源はギリシャ語のスコレーでした。スコレーは、余暇・閑暇と訳されますが、たんなる余暇・閑暇ではなく、思索や哲学的対話、主体的な活動のための時間を意味していました。このような豊かな時間は、当時、富裕な支配階級だけに許されていましたが、ここからギリシャ哲学が形成され、現在の学問の起源となりました。[3]

一九九六年の中央教育審議会答申では、「子供たちに［ゆとり］を持たせることによって、はじめて子供たちは、自分を見つめ、自分で考え、また、家庭や地域社会で様々な生活体験や社会体験を豊富に積み重ねることが可能となるのである。そのためには、子供たちに家庭や地域社会で過ごす時間、すなわち、子供たちが主体的、自発的に使える時間をできるだけ多く確保することが必要である。そうした［ゆとり］の中で子供たちは、心の［ゆとり］を持つことができるようになるのである」と述べています。

じつは、少なくとも教育におけるゆとりとは、スコレーのことだったのです。中央教育審議会答申では、ゆとりという言葉で思考を停止せずに、もう少し理論化できたのではないでしょうか。

「ゆとり」の真の意味を探る――創造的・公共的経験

教育における現代のスコレーとは

ゆとりではなく、どのような概念を使えばよかったのでしょうか。スコレーはギリシャ時代の言葉ですから、その現代化が必要です。とはいえ、スコレーが、主体的活動と精神的豊かさを実現可能とする自由時間を意味していたことには注目しましょう。現在、ＥＵの生涯学習研究では、自由空間（free space）と呼ばれています(4)。

自由空間はアメリカの政治学でも用いられており、「人びとが新しい自尊心、深く主張できる仲間意識、公的な技能、協力に関する価値、市民の善意を学ぶことができて、私的な生活と大規模な組織のあいだにあり、相対的に開かれ、参加の性質をもつようなコミュニティにおける公的空間」と定義されています(5)。

自由空間という言葉は魅力的です。ただし、日本で「自由が必要」と言うと、かならず、「けしからん」「子どもを好き勝手にさせるのか」「怠惰だ」という批判が寄せられてしまいます。

そこで、筆者はスコレーを、現代的に、創造的・公共的経験と名づけました。たとえば、幼稚園で「遊びは学びだ」とよく言われるように、子どもの遊びは創造的で、その経験は、勉学や仕事のエネルギーの源となります。遊びが、たんなる遊びに終わらないのは、公共的であるからです。仲間との遊びのルール、人間関係の感覚、友だちとの口げんかと仲直り、いずれも、将来の公共的な活動の土台となります。自分の特技の発見と自覚、趣味や学びの愉しさへの気づき、将来の目標の設定も、学校の授業中の活動、放課後の思索・遊び・学び、お祭りなどの地域の行事、家庭での会話、家族旅行といった「公と私がクロスする創造的な経験」で育まれます。そのような創造的・公共的経験のなかで、自立し共に生きる力が育まれるのではないでしょうか。

「自立し共に生きる力」と「創造的・公共的経験」を

文部科学省は「子供に［生きる力］と［ゆとり］を」ではなく、「子どもたちに、［自立し共に生きる力］と［創造的・公共的経験］を」と言ったほうがよかったでしょう。そうすれば、その後の教育改革は、少なくとも現在と比べて、豊かな成果を得られたでしょう。いまの若者たちが、新しい活動や表現に熱心で、過剰な消費よりもエコロジーやサスティナビリティ（持続可能性）を意識し、争いよりも助けあいを好むことに納得できます。

古市憲寿は内閣府の「社会意識に関する世論調査」にもとづいて、つぎの指摘をおこなっています。

「『日頃、社会の一員として、何か社会のために役立ちたいと思っていますか』という社会貢献意識も聞いている。二〇一一年調査によれば、二〇代の若者の実に五九・四％が社会のために役立ちたいと思っているという。一九八三年調査では、社会のために役立ちたいと答えた二〇代はわずか三二％だった。ということは、三〇年足らずで、実に社会のために役立ちたい若者が二倍にもなったことになる。最近の若者はただ『社会志向』なわけではなく、社会に貢献

したいとも思っているのだ」（古市憲寿『絶望の国の幸福な若者たち』講談社、二〇一一年、七三―七五頁）

ここから若者世代の公共性への関心が看取できます。このほか、創造性については未知数ですが、その萌芽は見られます。たとえば、「八八年世代」として、一九八八年生まれの著名人の活躍を特集する書籍などもつくられています（MBS「情熱大陸」著『情熱大陸800回記念　ぼくらは、1988年生まれ』双葉社、二〇一四年）。教育NGO代表の税所篤快は、「ゆとり世代」と呼ばれる当事者の公共的関心と行動力について著しています（税所篤快『ゆとり世代の愛国心』PHP研究所、二〇一四年）。

新学力観と生きる力は、大きな方向として時代の要求に合致していました。いわば、ダイヤモンドの原石でした。では、この原石が、教育改革において、本当にダイヤモンドになれたのか。ダイヤモンドになれなかったから、「ゆとり教育」と批判されるようになったのか（あるいは、「ゆとり教育」とレッテルを貼られたから、ダイヤモンドになれなかったのか）、考えてみる時機にさしかかっています。

次章では、「ゆとり教育」と呼ばれてしまった一九九八年学習指導要領の実際と問題点を、政策コンセプトの具現化の局面も視野に入れて、検討してみたいと思います。

参考文献

（1）ハリー・レイ「現代日本教育史における変化と継続およびその意義について――占領期教育改革後40年間の軌跡」（翻訳：藤田晃之）、『筑波大学教育学系論集』第15巻第2号、一九九一年。

（2）松繁寿和・井川静恵「絶対評価・相対評価が学生の学習行動に与える影響――大学の専門科目における実験」、広島大学高等教育研究開発センター『大学論集』第38集、二〇〇七年、二八九頁。

（3）教育思想史学会編『教育思想事典』勁草書房、二〇〇〇年、六九八頁。

（4）European Commission, *EU Research on Social Sciences and Humanities: Lifelong Learning, Governance and Active Citizenship in Europe, Final Report*, 2003, p.86.

（5）Evans, S. M. and Boyte, H. C., *Free Spaces: The Sources of Democratic Change in America*, University of Chicago Press, 1992, p.ix.

第4章

「ゆとり教育」の正体

佐藤博志

九八年改訂学習指導要領の特徴

一九九六年中央教育審議会答申の理念「子供に［生きる力］と［ゆとり］を」をカリキュラムにおいて実現するために、一九九八年に教育課程審議会答申が公表されました。(教育課程審議会とは、文部科学省に設置されていた審議会です。国の教育課程政策の方針について審議し、その結果を文部科学大臣に答申します。二〇〇一年からは、審議会が統合再編され、中央教育審議会初等中等教育分科会教育課程部会が同様の役割を担っています。)

同答申では、「これからの学校教育においては、これまでの知識を一方的に教え込むことになりがちであった教育から、自ら学び自ら考える教育へと、その基調の転換を図り、子どもたちの個性を生かしながら、学び方や問題解決などの能力の育成を重視するとともに、実生活との関連を図った体験的な学習や問題解決的な学習にじっくりとゆとりをもって取り組むことが重要であると考えた」と述べています。また同答申では、「体験的な学習や問題解決的な学習にじっくりとゆとりをもって取り組む」とも書かれています。そもそも、「じっくり」は時間的余裕を含意しているので、あえて、ゆとりと言わなくてもよかったのではないかと思います。「じっくりとゆとり」の箇所は同義反復と言わざるをえません。

同答申にもとづいて、一九九八年に学習指導要領が改訂されました。その特徴は、教育内容の厳選、道徳教育、国際化への対応、情報化への対応、体育・健康教育、各学校の創意工夫ある教育の推進でした。同時に、授業時数も削減されました。ここでは、本書の主題に直接かかわる、①教育内容の厳選、②総合的な学習の時間、③授業時数の削減について述べます。

「教育内容の厳選」の実際

高度な内容を削減、あるいは上級学校に移行し、教育内容を厳選しました。ていねいに教えて、反復し定着することを図ったのです。その趣旨について、「[ゆとり] の中で [生きる力] を育成するためには、学力を単なる知識の量ととらえる学力観を転換し、教える内容をその後の学習や生活に必要な最小限の基礎的・基本的内容に厳選する一方、その厳選された基礎的・基本的内容については、子どもたちの以後の学習を支障なく進めるためにも繰り返し学習させるなどして、確実に習得させなければならないと考えた」と述べられています（教育課程審議会「幼稚園、小学校、中学校、高等学校、盲学校、聾学校及び養護学校の教育課程の基準の改善について（答申）」一九九八年七月二十九日）。

一九九八年改訂の学習指導要領で、小学校、中学校で削減された内容の例はつぎのとおりです。

教育内容の厳選に関する算数・数学の例

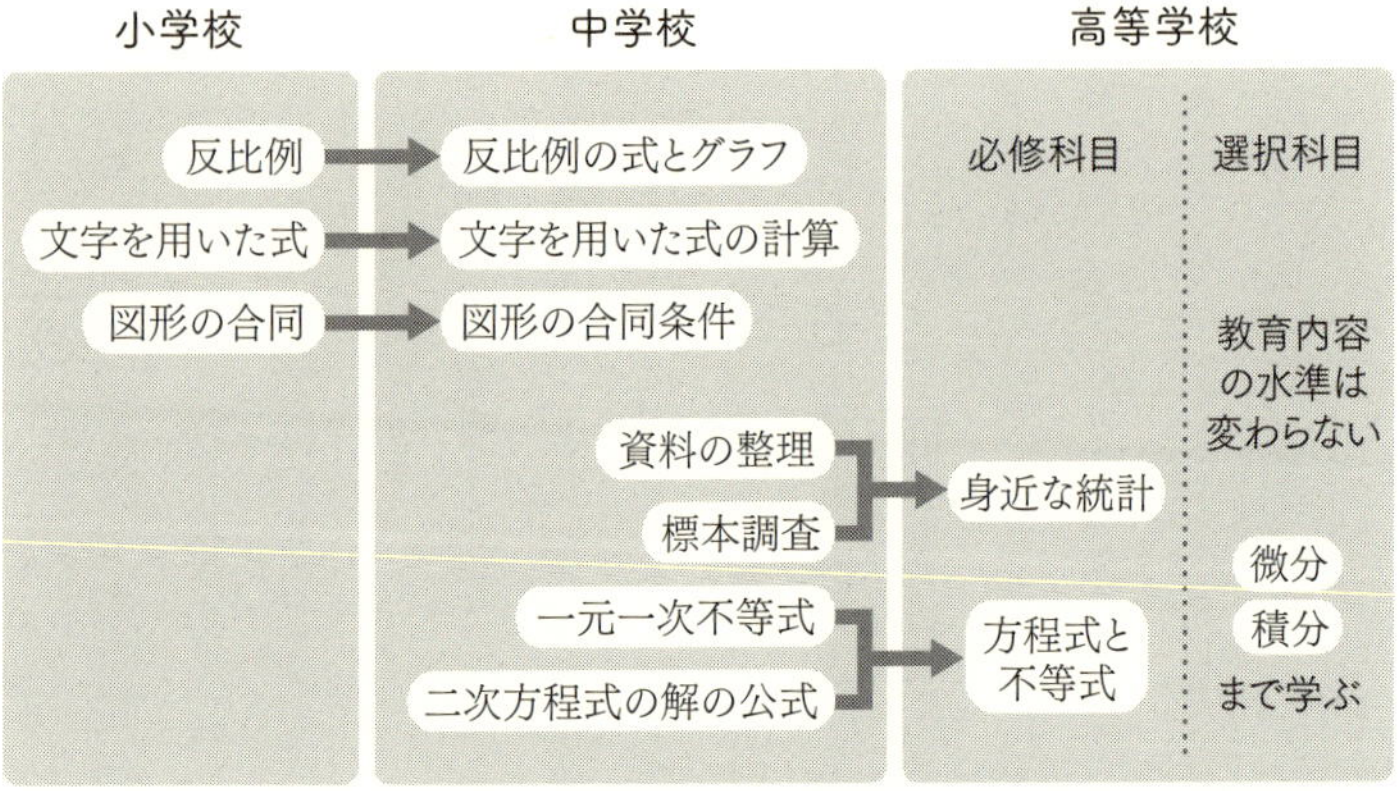

【出典】文部科学省「新しい学習指導要領のねらいの実現に向けて」

「国語：文学的文章の詳細な読解（人物の気持ちの読み取り、段落分けの指導などは特定学年で指導）／算数・数学：（小）桁数の多い複雑な計算、図形の合同・対称、文字式、比例・反比例の式など、（中）二次方程式の解の公式、一元一次不等式、円の性質の一部、統計など／理科：（小）植物の水の蒸散、中和、金属の燃焼、星の動きなど、（中）イオン、力の合成と分解、日本の天気、遺伝・進化など」（教育課程審議会「幼稚園、小学校、中学校、高等学校、盲学校、聾学校及び養護学校の教育課程の基準の改善について、教育課程の改善のポイント」九八年七月二十九日）

これは、図のように、高度になりがちな内容を上級の学年や学校に移し、わかりやすく指導できるようにするのが目的でした。

新設された「総合的な学習の時間」

一九九八年改訂の学習指導要領から、小・中学校の学習指導要領は、各教科、道徳、特別活動、総合的な学習の時間（高校は、各教科、特別活動、総合的な学習の時間）から構成されています。各教科はもちろん教科です。道徳と特別活動は領域です。総合的な学習の時間は、一九九八年改訂学習指導要領では、法制上は時間を配置するにとどまり、領域に位置づけられていませんが、実際には領域といえます（二〇〇八年学習指導要領では、総合的な学習の時間は、授業時数は削減されましたが、逆に領域に位置づけられました）。そのテーマは、国際理解・外国語会話、情報、環境、福祉・健康などです。これは、各学校が裁量をもち、工夫して内容を開発しなければなりません。総合的な学習の時間が教科内容の裏づけをもたないことは大きな禍根を残しました。

「授業時数の削減」のとらえ方

よく、一九九八年改訂学習指導要領で授業時数が削減されたと指摘されます。しかし、この問題を考えるために、次の二点が重要です。

まず、学校週五日制導入の影響です。一九九八年改訂学習指導要領は、学校週五日制導入にともなうものでした。土曜日の半日がなくなるわけですから、授業時数の削減は必然的でした。

教育課程審議会答申でも、「完全学校週五日制の実施に伴い、年間総授業時数を縮減する場合の具体的な縮減幅については、現行の授業日となっている土曜日分の授業時数である年間七十単位時間（週当たりに換算して二単位時間）程度を削減することが適当である」と述べられています（教育課程審議会「幼稚園、小学校、中学校、高等学校、盲学校、聾学校及び養護学校の教育課程の基準の改善について（答申）」一九九八年七月二十九日）。具体的には、小学校四年〜六年の場合、「一週間のうち六時間授業の日が二日、他の日は五時間授業」になっています。

つぎに、「授業時数の全体総数の削減」と「総合的な学習の時間導入に伴う教科の授業時数の総数の削減」を分けて考える必要があります。前者は、学校週五日制にともなう必然的な現象です。後者は、総合的な学習の時間が導入されたことにともなう、教科の授業時数の削減幅の問題です（仮に、学校週六日制のままであったとしても、総合的な学習の時間が導入されれば、そのぶん、教科の授業時数は削減せざるをえないはずです）。この点が曖昧にされ、たんに、「授業時数が減ったからいけない」と批判されることに問題があるのです。批判する場合、学校週五日制に反対なのか、総合的な学習の時間に反対なのか、教科の授業時数削減に反対なのか、なぜ反対なのかを明確にすることが望まれます。

平成期の学習指導要領の授業時数を対比するために表を示しました。小学校に着目して、一九八九年改訂学習指導要領と一九九八年改訂学習指導要領を比べると、総授業時数が四百十八

小学校の年間標準授業時数(全学年総数)の変遷

学習指導要領(改訂年)	各教科の授業時数									道徳	特別活動	総合的な学習の時間	外国語活動	総授業時数
	国語	社会	算数	理科	生活	音楽	図画工作	家庭	体育					
1989	1601	420	1011	420	207	418	418	140	627	209	314	—	—	5785
1998	1377	345	869	345	207	358	358	115	540	209	209	430	—	5367
2008	1461	365	1011	405	207	358	358	115	597	209	209	280	70	5645

中学校の年間標準授業時数(全学年総数)の変遷

学習指導要領(改訂年)	必修教科の授業時数									道徳	特別活動	選択教科等	総合的な学習の時間	総授業時数
	国語	社会	数学	理科	音楽	美術	保健体育	技術・家庭	外国語					
1989	455	350～385	385	315～350	140～175	140～175	315～350	210～245	☆	105	105～210	350～630	—	3150
1998	350	295	315	290	115	115	270	175	315	105	105	155～280	210～335	2940
2008	385	350	385	385	115	115	315	175	420	105	105	★	190	3045

＊表の授業時数の1単位時間は、小学校は45分、中学校は50分である。特別活動の授業時数は学級活動に充てる。1989年改訂学習指導要領の中学校の外国語(☆)は、選択教科の中に各学年105～140時間を標準とする。2008年改訂学習指導要領の中学校の選択教科(★)は、廃止されたのではなく、学校の判断で開設できるものとなっている。ただし、時数確保等の観点から、実際の開設は難しい状況になっている。

【出典】国立教育政策研究所『教育課程の改善の方針、各教科等の目標、評価の観点等の変遷――教育課程審議会答申、学習指導要領、指導要録(昭和22年～平成15年)』。中央教育審議会答申「幼稚園、小学校、中学校、高等学校及び特別支援学校の学習指導要領等の改善について」2008年1月17日

単位時間減っています。これは、学校週五日制にともなう削減です。翻って、一九九八年改訂学習指導要領では、総合的な学習の時間が四百三十単位時間ですから、そのぶん教科の時間を削減されていることがわかります。中学校も同様の傾向です。同じ学校週五日制の一九九八年改訂学習指導要領と二〇〇八年改訂学習指導要領を比べても、一九九八年改訂学習指導要領では、四百三十単位時間もの総合的な学習の時間によって教科の授業時数がかなり削減されています。

九八年改訂学習指導要領が「ゆとり教育」と呼ばれたとき

「三つの誤解」——元文科省事務次官の発言

一九九八年改訂の学習指導要領は、二〇〇二年完全実施の予定でしたが、学力低下論争を招くのではないかとの議論が起こりました[1]。ちょうどこのころに、「ゆとり教育」という言葉が否定的な意味をもって使われはじめます。そして、二〇〇〇年代中葉に、「ゆとり世代」という否定的な意味での言説が登場します。一九九八年改訂学習指導要領を「ゆとり教育」と位置づけて批判する傾向について、元文部科学省事務次官の小野元之氏は、個人の見解とことわったうえで、三つの誤解を指摘しています。

「二〇〇二年四月から新しい学習指導要領がスタートしたわけですが、これについては三つの誤解があると、私は常々申し上げております。一つは、ある塾がPRのために作った宣伝ですが、『ゆとり教育』で学習指導要領の中身を大幅に縮減するということで、『π（円周率）を小学校では3で教えることになった』と、そういうものがありました。いわばデマゴーグのようなもので、これは明らかに誤解です。これは塾が『これからは、「ゆとり教育」のために公立学校で教える中身がどんどん減ってしまうので、うちに来なければだめですよ』というPRのために行ったことですが、世の中に広がりすぎてしまいました。（中略）小学校ではキチンと円周率は『3・14』で教えています。ただし実際の生活の中で、この周りは大体どのくらいかという時に、3を使うことがありうるというだけで、『πが3である』と教えることはありません」

「二つめの誤解は、教育内容の三割削減という話です。これは、たしかに文部科学省も三割削減と言ったのですが、私が事務次官の時に、教科書の活字の大きさなどを含めていろいろと調査しましたところ、私の結論では一割削減なんです。削減したということには間違いないのですが、三割もの削減ではありません」

「それから三つめには、このような教育内容の大幅削減を決定したということで、文部科学省は学力向上をあきらめたのか、学力向上政策を放棄したのかと、世の中に思われてしまったことがあります。十八歳人口が減ってきて、大学さえ選ばなければ全員が進学できるような全入時代に入るのだから競争しなくてもいい、学校でそんなに一生懸命勉強しなくていい。こういう間違ったメッセージを与えてしまったのではないかということです」

（小野元之「基調講演：日本の子どもに求められる読解リテラシー」『読解リテラシーの測定、現状と課題――各国の取り組みを通じて』東京大学大学院教育学研究科 教育測定・カリキュラム開発〈ベネッセコーポレーション〉講座国際研究会、二〇〇六年八月六日）

批判の背景にある教育観

小野元之の一つ目と三つ目の指摘は、概して、的を射ていると思います。二つ目の指摘は、調査方法が明示されていないので、正しいか否かはわかりません。いずれにせよ、「ゆとり教育によって学力が下がる」という言説は、勢いを増しました。(2)「ゆとり教育」というキャッチフレーズそのものが、「教育にゆとり、けしからん。努力してこそ力がつくのだ」「うちの子の教育は大丈夫なのかしら」という疑念を想起させるものであったことも要因でしょう。

さらに、背景として、日本人の教育観もあげられます。ＮＨＫが二〇〇八年におこなった世論調査（十六歳以上の千七百十七人が回答）では、「学力をつける目的として、次にあげる二つのうち、あなたの考え方は、どちらに近いですか」という質問に対して、「①厳しい競争を勝ち抜くため…七・三%、②教養や良識を身につけるため…八六・六%、③わからない・無回答…六・一%」という結果でした。(3)

意外な感じもしますが、多くの人が、「学力をつける目的は教養や良識の習得である」という理解をしていることがわかります。本質的な理解をしているからこそ、みんなが「教育は大事だ」と直観的に判断するのかもしれません。みんなが大切にしている教育、これを歪める「ゆとり教育」、このイメージで、一九九八年改訂学習指導要領への批判は広がっていきました。

文科省主導の軌道修正——〇二年「学びのすすめ」と〇三年学習指導要領一部改正

大学生の学力低下論をきっかけに

もともと、学力低下論は、大学入試の科目数減少によって、大学の大学生の学力が低下したと懸念するものでした。(4) たしかに、少子化にもかかわらず、大学の数が増加し、入試が多様化した(科目数減少やAO入試の導入など)のですから、全体的に、大学は入りやすくなりました。その結果、一般論として、大学生の学力が低下しているように見えることは、必然的です。(5)

もっとも、大学も多様です。選抜が機能している大学では、学力を考える視点にもよりますが、概して、授業の妨げになるほどの学力低下は見られません。むしろ、質問が出たり、議論が上手だったり、英語のリスニング力が高かったり、向上している面もあります（議論が苦手でも文章力が優れている場合もあるので注意が必要です）。一方、ほぼ全員合格になっている大学では、学力は低下せざるをえないでしょう。このような大学による違い、もっとはっきり言えば、学力の多様化こそが問題になっています。小学校、中学校、高等学校における学力格差も深刻でしょう。

本来、学力格差と家庭の経済格差との関係、その問題性、そして勉強が苦手な子どもへの対応の充実などが議論されるべきでした。一九九八年改訂学習指導要領を「ゆとり教育」と呼んで批判し、その水準で議論が空転した感は否めません（のちに、これを継承するかたちで、若者を揶揄する「ゆとり世代」概念が登場します）。そして、不安が煽られました。こうした事態をまえに、文部科学省は慌てました。当時、小泉内閣でしたが、文部科学大臣は遠山敦子でした（二〇〇一年四月二十六日から二〇〇三年九月二十二日まで在任）。遠山大臣といえば、国立大学法人化のプラン（「大学（国立大学）の構造改革の方針」二〇〇一年六月）を策定したことで有名ですが、その一方で、「ゆとり教育」批判への対応に追われたのです。

最低基準とされた学習指導要領と「確かな学力」

二〇〇一年十二月にはPISAの二〇〇〇年調査の結果が公表され、数学的リテラシーの成績が五五七点（OECD平均五〇〇点）で一位、読解リテラシーの成績が五二二点（OECD平均五〇〇点）で八位でした。参加国は三十二でした。読解リテラシーが世界のトップクラスではないことが、ショックを与えました。PISAの結果の推移は次頁の表のとおりです。

二〇〇二年一月十七日、文部科学省は、同年四月の一九九八年改訂学習指導要領実施をまえに、「確かな学力の向上のための2002アピール『学びのすすめ』」を公表しました。そこでは、「①きめ細かな指導で、基礎・基本や自ら学び自ら考える力を身に付ける。②発展的な学習で、一人一人の個性等に応じて子どもの力をより伸ばす。③学ぶことの楽しさを体験させ、学習意欲を高める。④学びの機会を充実し、学ぶ習慣を身に付ける。⑤確かな学力の向上のための特色ある学校づくりを推進する」が周知されました（文部科学省「学びのすすめ」、二〇〇二年一月十七日）。

①は少人数授業・習熟度別指導、②は学習指導要領が最低基準なので、発展的な学習をおこなってよいこと、③は総合的な学習の時間、④は放課後の補充・朝読書・宿題、⑤は学力向上フロンティア事業などによる学校づくりを意味しています。

②はじつは、これまでと解釈が異なります。学習指導要領は最低基準ではなく、標準（でき

PISA調査の結果の推移

■数学的リテラシー

調査年

	2000年	2003年	2006年	2009年	2012年
日本の得点	557点	534点	523点	529点	536点
OECD平均	500点	500点	498点	496点	494点
OECD加盟国中	1位/28か国	4位/30か国	6位/30か国	4位/34か国	2位/34か国
その順位の範囲	1〜3位	2〜7位	4〜9位	3〜6位	2〜3位
全参加国中	1位/32か国	6位/41か国	10位/57か国	9位/65か国	7位/65か国
その順位の範囲	1〜3位	3〜10位	6〜13位	8〜12位	6〜9位

■読解力

	2000年	2003年	2006年	2009年	2012年
日本の得点	522点	498点	498点	520点	538点
OECD平均	500点	494点	492点	493点	496点
OECD加盟国中	8位/28か国	12位/30か国	12位/30か国	5位/34か国	1位/34か国
その順位の範囲	2〜15位	10〜18位	9〜16位	3〜6位	1〜2位
全参加国中	8位/32か国	14位/41か国	15位/57か国	8位/65か国	4位/65か国
その順位の範囲	3〜10位	12〜22位	11〜21位	5〜9位	2〜5位

■科学的リテラシー

	2000年	2003年	2006年	2009年	2012年
日本の得点	550点	548点	531点	539点	547点
OECD平均	500点	500点	500点	501点	501点
OECD加盟国中	2位/28か国	2位/30か国	3位/30か国	2位/34か国	1位/34か国
その順位の範囲	1〜4位	1〜3位	2〜5位	2〜3位	1〜3位
全参加国中	2位/32か国	2位/41か国	6位/57か国	5位/65か国	4位/65か国
その順位の範囲	1〜2位	1〜3位	3〜9位	4〜6位	3〜6位

*表は、各分野での平均得点と、OECD加盟国中および全参加国中の順位。なお、平均得点には誤差が含まれるため、統計的に推測される順位の幅が、「順位の範囲」として示されている。
*統計的に比較可能なのは、中心分野として調査を実施して以降であり、数学的リテラシーは2003年以降、読解力は2000年以降、科学的リテラシーは2006年以降となる(太枠範囲)。

【出典】国立教育政策研究所『OECD生徒の学習到達度調査——2012年調査国際結果の要約』2013年。上は27頁、左は29頁をもとに作成。

■読解力平均得点の国際比較（経年変化） 全参加国における順位

	2000年		2003年		2006年		2009年		2012年	
1	フィンランド	546	フィンランド	543	韓国	556	上海	556	上海	570
2	カナダ	534	韓国	534	フィンランド	547	韓国	539	香港	545
3	ニュージーランド	529	カナダ	528	香港	536	フィンランド	536	シンガポール	542
4	オーストラリア	528	オーストラリア	525	カナダ	527	香港	533	日本	538
5	アイルランド	527	リヒテンシュタイン	525	ニュージーランド	521	シンガポール	526	韓国	536
6	韓国	525	ニュージーランド	522	アイルランド	517	カナダ	524	フィンランド	524
7	イギリス	523	アイルランド	515	オーストラリア	513	ニュージーランド	521	アイルランド	523
8	日本	522	スウェーデン	514	リヒテンシュタイン	510	日本	520	台湾	523
9	スウェーデン	516	オランダ	513	ポーランド	508	オーストラリア	515	カナダ	523
10	オーストリア	507	香港	510	スウェーデン	507	オランダ	508	ポーランド	518
11	ベルギー	507	ベルギー	507	オランダ	507	ベルギー	506	エストニア	516
12	アイスランド	507	ノルウェー	500	ベルギー	501	ノルウェー	503	リヒテンシュタイン	516
13	ノルウェー	505	スイス	499	エストニア	501	エストニア	501	ニュージーランド	512
14	フランス	505	日本	498	スイス	499	スイス	501	オーストラリア	512
15	アメリカ	504	マカオ	498	日本	498	ポーランド	500	オランダ	511
16	デンマーク	497	ポーランド	497	台湾	496	アイスランド	500	ベルギー	509
17	スイス	494	フランス	496	イギリス	495	アメリカ	500	スイス	509
18	スペイン	493	アメリカ	495	ドイツ	495	リヒテンシュタイン	499	マカオ	509
19	チェコ	492	デンマーク	492	デンマーク	494	スウェーデン	497	ベトナム	508
20	イタリア	487	アイスランド	492	スロベニア	494	ドイツ	497	ドイツ	508
21	ドイツ	484	ドイツ	491	マカオ	492	アイルランド	496	フランス	505
22	リヒテンシュタイン	483	オーストリア	491	オーストリア	490	フランス	496	ノルウェー	504
23	ハンガリー	480	ラトビア	491	フランス	488	台湾	495	イギリス	499
24	ポーランド	479	チェコ	489	アイスランド	484	デンマーク	495	アメリカ	498
25	ギリシャ	474	ハンガリー	482	ノルウェー	484	イギリス	494	デンマーク	496
26	ポルトガル	470	スペイン	481	チェコ	483	ハンガリー	494	チェコ	493
27	ロシア	462	ルクセンブルグ	479	ハンガリー	482	ポルトガル	489	イタリア	490
28	ラトビア	458	ポルトガル	478	ラトビア	479	マカオ	487	オーストリア	490
29	ルクセンブルグ	441	イタリア	476	ルクセンブルグ	479	イタリア	486	ラトビア	489
30	メキシコ	422	ギリシャ	472	クロアチア	477	ラトビア	484	ハンガリー	488
	⋮		⋮		⋮		⋮		⋮	
	32か国が参加		41か国が参加		57か国が参加		65か国が参加		65か国が参加	

＊各国の数字は平均得点。　　　は、OECD平均よりも統計的に有意に高い国・地域。
＊2000年調査のオランダ、2003年調査のイギリスは除く（国際的な実施基準を満たさなかったため）。

るだけ到達する水準）とされてきました。これを今回、文部科学省は急に最低基準だと言いました。「学習指導要領はすべての子どもに対して指導すべき内容を示す基準であること（基準性）を明確にし、各学校は子どもたちの実情に応じ、学習指導要領に示していない内容を加えて指導できる」（文部科学省「新学習指導要領・生きる力、教員用パンフレット」、二〇〇八年）。

逆に言うと、学習指導要領の基準に到達していない児童生徒には補充的な指導（いわゆる補習）をおこなうことがうながされます。その結果、二〇〇五年度に「小・中学校ともに九割以上の公立学校で標準授業時数を上回って授業を行うとともに、小学校で八割、中学校で七割を超える公立学校で習熟度別指導を実施している」のです（中央教育審議会「幼稚園、小学校、中学校、高等学校及び特別支援学校の学習指導要領等の改善について（答申）」、二〇〇八年）。この基準性の考え方は、二〇〇八年改訂学習指導要領でも引き継がれています。

「学びのすすめ」は、「ゆとり教育」批判によって、国民のあいだに不安が広がったことへの対応策でした。これは、二〇〇三年の学習指導要領一部改正につながっていきます。二〇〇三年の学習指導要領は、「学習指導要領の基準性を踏まえた指導の一層の充実、総合的な学習の時間の一層の充実、個に応じた指導の一層の充実」を骨子としています（文部科学省「小学校、中学校、高等学校等の学習指導要領の一部改正等について（概要）」、二〇〇三年）。

これは「学びのすすめ」と同じ路線です。ただし、文部科学省は「確かな学力」という概念をもちだしました。「生きる力」が中心概念であることは変わりません。「生きる力」の構成として、「豊かな人間性」「確かな学力」「健康・体力」を示したのです。

残る疑問

二〇〇四年十二月、PISAの二〇〇三年調査の結果が公表されました。数学的リテラシーが五三四点（OECD平均五〇〇点）で六位、読解力の成績が四九八点（OECD平均四九四点）で十四位でした。参加国は四十一でした。二〇〇〇年調査よりも成績が下がってしまったため、学力低下に対する不安が広がりました。

文部科学省としては、新学力観、生きる力という原石は、一九九八年改訂の学習指導要領をとおして、ダイヤモンドの輝きを得る予定でした。しかし、実際には、「ゆとり教育」批判、同時期のPISAショックによって、ダイヤモンドへの道筋を失いつつありました。

ここで、疑問が残ります。「ゆとり教育」批判は適切だったのでしょうか。二〇〇二年「学びのすすめ」と二〇〇三年学習指導要領一部改正は軌道修正ですが、効果がまったくなかったのでしょうか。軌道修正の有無にかかわらず残る問題点、すなわち、一九九八年改訂学習指導要領の根本的な問題点は何だったのでしょうか。

ＰＩＳＡショックと学力低下批判　「ゆとり教育」批判の再検討①

二つの国際調査

すでに述べたように、ＰＩＳＡショックが日本で起こりました。ところが、二〇一三年十二月に二〇一二年ＰＩＳＡ調査の結果が発表されると、状況は一変しました。日本の成績がとても高かったからです。前掲のＰＩＳＡの結果の推移表を見ればわかりますが、いわば、奇跡のＶ字回復です。でも、少し冷静に考えてみましょう。ＩＥＡ（国際教育到達度評価学会）のＴＩＭＳＳ（国際数学・理科教育調査）では、「ゆとり世代」と呼ばれる人たちが児童・生徒の時代も含めて、ずっと日本の成績は上位だったのです。何か話がおかしいと思いませんか。そう、私たちは、ＰＩＳＡがどのようなものか知らずに、ＰＩＳＡの成績を受けとめ、「日本は学力低下したのだ」「ゆとり教育（九八年改訂の学習指導要領）が悪いのだ」と思いこんできたのではないでしょうか。

ＰＩＳＡの成績がふるわなかった理由

日本の学力は世界のトップクラスといわれてきましたが、その根拠は、ＴＩＭＳＳの成績でした。TIMSSは学校で学んだ知識や技能がどのていど習得されたか、つまり定着度を測定しています。日本の学力は、算数・数学、理科について、参加国数が増加するなか、多少の変動はありますが、トップクラスを維持しています（次頁に図表）。

さらに、二〇一二年のPISAで、日本は高い成績です。第1章冒頭で述べたように、二〇一二年のPISAを受けた生徒は、一九九八年改訂学習指導要領（「ゆとり教育」と批判された学習指導要領）で学んだ世代です。「ゆとり教育」による学力低下は存在しなかったのです。二〇〇〇年代も、科学的リテラシーはトップクラス、数学的リテラシーは上位を推移しています。では、PISAの読解力は、二〇〇〇年代、とくに二〇〇三年、二〇〇六年になぜ平均レベルの成績だったのでしょうか。あるいは、TIMSSに比べると、PISAの数学的リテラシーが上位のなかでやや低めに見えるのはなぜでしょうか。――この答えは簡単です。日本の子どもは、PISAの設問に慣れていなかったのです。これまで受けてきたテストとは違うタイプの設問に、とまどった子が多かったと考えられます。

PISAのテストの特徴について、実施機関のオーストラリア国立教育研究所はつぎのように説明しています。

「PISAのおもな目的は、生徒が学校を越えた生活場面で生産的かつ順応して参加できるようなコンピテンシーを測定することです。教わったカリキュラムの理解を測定するというより

国際数学・理科教育動向調査(TIMSS)の結果推移

■算数(小学4年生) 第1回のみ3年生・4年生の平均得点

第1回(1995) 国・地域	平均得点	第3回(2003) 国・地域	平均得点	第4回(2007) 国・地域	平均得点	第5回(2011) 国・地域	平均得点
シンガポール	625	シンガポール	594	香港	607	シンガポール	606
韓国	611	香港	575	シンガポール	599	韓国	605
日本	597	**日本**	565	台湾	576	香港	602
香港	587	台湾	564	**日本**	568	台湾	591
オランダ	577	ベルギー(*)	551	カザフスタン	549	**日本**	585
チェコ	567	オランダ	540	ロシア	544	北アイルランド	562
オーストリア	559	ラトビア	536	イングランド	541	ベルギー	549
スロベニア	552	リトアニア	534	ラトビア	537	フィンランド	545
アイルランド	550	ロシア	532	オランダ	535	イングランド	542
⋮		⋮		⋮		⋮	
26か国が参加		25か国が参加		36か国が参加		50か国が参加	

*印のベルギーはフラマン語圏

■理科(小学4年生) 第1回のみ3年生・4年生の平均得点

第1回(1995) 国・地域	平均得点	第3回(2003) 国・地域	平均得点	第4回(2007) 国・地域	平均得点	第5回(2011) 国・地域	平均得点
韓国	597	シンガポール	565	シンガポール	587	韓国	587
日本	574	台湾	551	台湾	557	シンガポール	583
アメリカ	565	**日本**	543	香港	554	フィンランド	570
オーストリア	565	香港	542	**日本**	548	**日本**	559
オーストラリア	562	イングランド	540	ロシア	546	ロシア	552
オランダ	557	アメリカ	536	ラトビア	542	台湾	552
チェコ	557	ラトビア	532	イングランド	542	アメリカ	544
イングランド	551	ハンガリー	530	アメリカ	539	チェコ	536
カナダ	549	ロシア	526	ハンガリー	536	香港	535
⋮		⋮		⋮		⋮	
26か国が参加		25か国が参加		36か国が参加		50か国が参加	

▦数学（中学2年生）

第2回(1999) 国・地域	平均得点	第3回(2003) 国・地域	平均得点	第4回(2007) 国・地域	平均得点	第5回(2011) 国・地域	平均得点
シンガポール	604	シンガポール	605	台湾	598	韓国	613
韓国	587	韓国	589	韓国	597	シンガポール	611
台湾	585	香港	586	シンガポール	593	台湾	609
香港	582	台湾	585	香港	572	香港	586
日本	579	**日本**	570	**日本**	570	**日本**	570
ベルギー(*)	558	ベルギー(*)	537	ハンガリー	517	ロシア	539
オランダ	540	オランダ	536	イングランド	513	イスラエル	516
スロバキア	534	エストニア	531	ロシア	512	フィンランド	514
ハンガリー	532	ハンガリー	529	アメリカ	508	アメリカ	509
⋮		⋮		⋮		⋮	
38か国が参加		45か国が参加		48か国が参加		42か国が参加	

*印のベルギーはフラマン語圏

▦理科（中学2年生）

第2回(1999) 国・地域	平均得点	第3回(2003) 国・地域	平均得点	第4回(2007) 国・地域	平均得点	第5回(2011) 国・地域	平均得点
台湾	569	シンガポール	578	シンガポール	567	シンガポール	590
シンガポール	568	台湾	571	台湾	561	台湾	564
ハンガリー	552	韓国	558	**日本**	554	韓国	560
日本	550	香港	556	韓国	553	**日本**	558
韓国	549	エストニア	552	イングランド	542	フィンランド	552
オランダ	545	**日本**	552	ハンガリー	539	スロベニア	543
オーストラリア	540	ハンガリー	543	チェコ	539	ロシア	542
チェコ	539	オランダ	536	スロベニア	538	香港	535
イングランド	538	アメリカ	527	香港	530	イングランド	533
⋮		⋮		⋮		⋮	
38か国が参加		45か国が参加		48か国が参加		42か国が参加	

*上の中学数学・理科の表では第1回結果を省略しているが、日本は数学で605点、理科で571点であった。なお、右頁・小学生の算数・理科は第2回を実施していない。

【出典】文部科学省「国際数学・理科教育動向調査（TIMSS2011）のポイント」「国際数学・理科教育動向調査（TIMSS）結果の推移」。文科省サイト内の上記資料より抜粋・作成

PISA調査とTIMSS調査の比較

	PISA (Programme for International Student Assessment) 生徒の学習到達度調査	TIMSS (Trends in International Mathematics and Science Study) 国際数学・理科教育動向調査
実施主体	経済協力開発機構（OECD）——1960年設立の政府間機関、34か国より構成 調査実施機関：オーストラリア国立教育研究所を中心とする国際コンソーシアム	国際教育到達度評価学会（IEA: International Association for the Evaluation of Educational Achievement）——1958年設立の国際学術研究団体、69か国・地域の教育研究機関より構成
参加国	65か国・地域 （OECD加盟34か国、非加盟31か国・地域）☆	小学校4年生：50か国・地域★ 中学校2年生：42か国・地域★ （国際比較が可能な国・地域の参加国数）
調査実施時期	2000年、2003年、2006年、2009年、2012年	小学校4年生：1995年、2003年、2007年、2011年 中学校2年生：1995年、1999年、2003年、2007年、2011年
調査対象	15歳児（日本の高校1年生に相当） 世界で約51万人☆	小学校4年生（26万1339人）★ 中学校2年生（23万9960人）★
調査項目	読解力、数学的リテラシー、科学的リテラシー（問題解決能力は、2003年に筆記型調査、2012年にICT使用型調査が実施されている）	算数・数学、理科
調査内容	知識や技能等を、実生活のさまざまな場面で直面する課題に、どの程度活用できるかを評価（記述式が中心）	学校のカリキュラムで学んだ知識や技能等が、どの程度習得されているかを評価（選択肢が中心）

【出典】文部科学省「PISA調査とTIMSS調査の概要」
文科省サイト内の上記資料をもとに、数値等を2014年時点のものに一部修正した。PISAの数値（☆）は2012年調査のものである。TIMSSの数値（★）は2011年調査のものである。参加国は増加している。

も、むしろ、ＰＩＳＡは、技能や知識を現実の生活状況に活用する能力を測定します。リテラシー概念は、活用のための幅広い技能に着目するために使われています。ＰＩＳＡは、読解、数学、科学の三つのコア領域のリテラシーを測定します」(Australian Council for Educational Research, PISA FAQS, 2009.)

日本では、新学力観が導入されていたとはいえ、技能や知識を現実の生活に活用するための内容までは、教えていませんでした。そのため、ＰＩＳＡの読解力テストでは、設問の意図も十分に理解されず、結果が如実に出たのでしょう。

ＰＩＳＡ型問題への対応で上がった成績

つぎに、なぜ日本は、二〇〇九年、二〇一二年調査で読解力の成績が上昇したのでしょうか。それはＰＩＳＡを意識した授業をおこなうようになったからです。二〇〇三年、二〇〇六年の結果が芳しくなかった日本では、二〇〇七年度から全国学力・学習状況調査（小学校第六学年と中学校第三学年対象、国語、算数・数学〈二〇一二年度は理科を追加〉）で、基礎的な知識を問うＡ問題と、活用する力を問うＢ問題（知識を活用した思考力・判断力・表現力）が出題されるようになりました。このＢ問題はＰＩＳＡ型の設問です。全国学力・学習状況調査Ｂ問題の学校現場への影響は大きかったといわれています。筆者は、学校の授業をしばしば見学するのですが、当時、とくに小学校で「あっ、ＰＩＳＡ型だ」と思ったことが何度かありました。

やがて、ＰＩＳＡ型を反映させた授業は、中学校や高等学校に広まりました。そして、二〇〇八年改訂学習指導要領（小学校：二〇一一年四月実施、中学校：二〇一二年四月実施、高等学校：二〇一三年四月実施〈数学および理科は二〇一二年度四月実施〉）にもＰＩＳＡの考え方が反映されています。二〇〇八年改訂学習指導要領の保護者向けパンフレットでは、「日本の子どもたちは、基礎的な知識・技能は身に付いているものの、知識・技能を実生活の場面に活用する力に課題があります」と述べたうえで、ＰＩＳＡの結果を説明しています。そしてつぎのように述べています。

「競争と技術革新が絶え間なく起こる『知識基盤社会』では、幅広い知識と柔軟な思考力に基づく新しい知や価値を創造する能力が求められるようになります。また、このような知識基盤社会の到来やグローバル化の進展により、アイディアなど知識そのものや人材をめぐる国際競争が加速するとともに、異なる文化との共存や国際協力の必要性が増大しています。そのため、これからの社会を生きる子どもたちは、自ら課題を発見し解決する力、コミュニケーション能力、物事を多様な観点から考察する力（クリティカル・シンキング）、様々な情報を取捨選択できる力などが求められると考えられます」（文部科学省「新学習指導要領・生きる力、保護者用パンフレット」、二〇一〇年）

このパンフレットはPISAの考え方を反映しています。このようにPISAを意識したカリキュラム政策を策定しているのは、日本だけではありません。諸外国も同様です。それは、PISAで上位にランクインするためというよりも、むしろ、PISAが、近未来（現在の生徒が成人した以降）の社会で働き、充実した人生を歩むための基礎的な能力を測定しているからだといえます。もちろん、PISA万能主義も危ういのですが、世界各国の教育改革の動向はPISAの影響を受けています。

一九九八年改訂学習指導要領で育った世代は、「ゆとり教育」を受けた学力の低い「ゆとり世代」として批判されてきました。しかし、TIMSSとPISAの結果を検討すると、「『ゆとり教育』（一九九八年改訂学習指導要領）を受けた『ゆとり世代』は学力が低い」という論法には無理があることがわかりました。学力が低下していないわけですから、ネガティブな意味をもつ「ゆとり教育」「ゆとり世代」という呼称も、事実に合致していないことになります。

若者世代の行動様式に対する批判　「ゆとり教育」批判の再検討②

行動や性質を異質ととらえる目

「ゆとり教育」批判は、「ゆとり世代」批判へとつながりました。「ゆとり世代」には、さまざまな定義があります。最近の新聞などの語られ方では、一九九八年改訂学習指導要領（全教科）にもとづいた大学入試を受験する世代（八七年四月二日～九六年四月一日生まれ）を指しています（ＭＳＮ産経ニュース、二〇一四年一月十八日）。

ちなみに、一九九六年四月二日～一九九七年四月一日生まれの世代は、高校生のときに数学と理科のみを二〇〇八年改訂学習指導要領で学んでいます。一九九七年四月二日生まれ以降の世代は、二〇〇八年改訂学習指導要領で大学入試を受けるため、「脱ゆとり」と呼ばれています（そもそも、「ゆとり教育」概念が誤っているので、この言葉も間違っています）。しかし、二〇〇八年改訂学習指導要領を小学校一年から学ぶのは、二〇〇四年四月二日生まれ以降の世代です。

「ゆとり世代は、ゆとり教育を受けたから低学力だ」という批判が間違っていることは、すでに述べたとおりです。学力以外にも、ゆとり世代に対する批判はたくさん出まわっています。それはおもに行動面です。

たとえば、池谷聡は「ゆとり社会が育てたモンスターの特徴」として、「オフィスにかかってきた電話を取らない」「上司との酒はきっぱり断る」「顧客の希望よりも『自分の夢』にこだわる」「何でも教えてくれる『グーグル』が先生」「言われたことしかやらない、できない」「具体的イメージのない成長願望」などの指摘をおこなっています（池谷聡『職場を悩ます　ゆとり社員の処方せん』朝日新聞出版、二〇〇八年)。

伊庭正康は、「いよいよ『ゆとり世代』が職場にやってきました。少し不安に感じることはありませんか?」と問いかけをしつつ、活躍している「ゆとり世代」もいると指摘しています。そして、活躍している場合、「『強み』を伸ばしてくれる親、先生、コーチからのアドバイスや励ましが彼らを大きく飛躍させる『きっかけ』になっているのです」と述べています(『「ゆとり世代」を即戦力にする5つの極意』マガジンハウス、二〇一二年、二一―三頁)。筆者は「ゆとり世代」という概念の使用には反対ですが、コーチングの手法には同意します。コーチングは、若者世代に限らず、職場環境が複雑化・高度化した現在、あらゆる世代に必要な育成方法でしょう。

齋藤孝は、「今どきの若者は驚くほど伸びる」と指摘し、若者の育成方法を綿密に説明しています(『若者の取扱説明書――「ゆとり世代」は、実は伸びる』PHP研究所、二〇一三年、一四頁)。しかし、同書においても、「ゆとり世代」という言葉を吟味せずに使用しており、つぎのように、若者世代を一般化しています。

「『ゆとり世代』はさぼり世代ではない。むしろ、出された宿題はかならずやってくる。ただ問題は、過剰な情熱というものを持たないことだ。(中略)現実的には、昔は『積極的』で『いい加減』な学生が多かったのに対し、今は『消極的』で『真面目』な者が多い。対極的な姿に移行したわけだ。これを『進化』と取るか『退化』と見るかは微妙だが、おかげで世間からは

『エネルギー不足』と見られてしまうわけだ」（齋藤孝、同上書、一四・一六頁）

このように、「ゆとり世代」には、旧世代から見るとネガティブな側面があると指摘し、その解決方法を模索する論法になっています。

理不尽な批判

こうした言説について、筆者は、「ゆとり世代」をネガティブに位置づける出発点に問題があると考えています。

第一に、部分的な事例を過度に一般化し、世代全体の特徴として論じています。そこでは、世代を構成する人びとの多様性が看過されがちです。あるいは、世代全体にはっきりとは一般化していないものの、タイトルや論の構成・展開から、結果的に、一般化できるような印象を与えています。

第二に、若者世代に対して矛盾した批判をおこなっています。「自分の夢にこだわっている」「現実的で夢をみない（悟っている）」「飲み会に参加しない」「ルールは守る」「言われたことしかやらない」「空気を読め」など、あらゆる批判が若者世代に向けられています。これは、ダブルスタンダードです。相反する価値基準を若者世代に要請し、その状況の受容を強制しているのです。

第三に、若者世代、一九九八年改訂学習指導要領で学んだ世代だけに本当に限定される傾向なのか、について検討されていません。時代・社会全体の反映かもしれません。たとえば、夢を見ない、あきらめがち、消極的な行動が一部にあったとしても、それは、二〇〇〇年代の経済情勢・雇用情勢の反映でしょう。どの世代も同様の悩みを抱えているかもしれません。また、夢や目標に具体性がないといっても、そもそも社会の流動性・変化が速くなっているので、必然的といえます。二〇〇〇年代に、経済的に倹約していたのは、不景気がおもな要因で、若者世代だけではありません。社会全体の特徴的傾向、すなわち、社会のいくつかの局面で見られる特徴的な出来事を、若者世代に限定しているかのように語ることに問題があるのです。

第四に、若者世代の行動様式が批判されますが、彼らの行動様式のある面は必然的とはいえないでしょうか。たとえば、メールの書き方があげられます。いま、若者世代は、フェイスブックやラインなどのSNSを中心に使っています。SNSでは、「〇〇御中、〇〇様、のように宛名を書く、敬語を使う、発信者氏名と連絡先を記載する、受信（了解）確認の返信を敬語でおこなう」といった、会社でのメールの書き方やルールを使っていません。

したがって、たとえば、メールの書き方に見られるように、会社での行動様式を教えればよいのです。電話も、二十年前に比べれば、若者世代はもとより、中堅以降の世代であっても、使用機会は減っているので、教えることは必要でしょう。飲み会をことわる理由についても、若者世代はSNSで友人や参加しているグループがとても多く、アクティブな人の場合、誘われる飲み会も多くなります。時間的・経済的理由から、飲み会も選んで参加せざるをえないので、職場の飲み会への誘いをことわることもあるのです。

「ゆとり世代」への批判は理不尽なものであり、ましてや、「一九九八年改訂学習指導要領」(ゆとり教育)を原因とするものではありません。「ゆとり教育」「ゆとり世代」概念は使用を中止したほうがいいでしょう。

「総合的な学習の時間」の一律背反　「ゆとり教育」批判の再検討③

何が問題だったのか

「総合的な学習の時間」は、「各学校の創意工夫を生かした横断的・総合的な学習や児童生徒の興味・関心等に基づく学習などを通じて、自ら課題を見つけ、自ら学び、自ら考え、主体的に判断し、よりよく問題を解決する資質や能力を育てること」「情報の集め方、調べ方、まとめ方、報告や発表・討論の仕方などの学び方やものの考え方を身に付けること」「問題の解決や探究活動に主体的、創造的に取り組む態度を育成すること」「自己の生き方についての自覚を深めること」を意図しています。そして、「各教科等それぞれで身に付けられた知識や技能などが相互に関連付けられ、深められ児童生徒の中で総合的に働くようになる」と考えられています（教育課程審議会「幼稚園、小学校、中学校、高等学校、盲学校、聾学校及び養護学校の教育課程の基準の改善について（答申）」、一九九八年七月二十九日）。

このような考え方の総合的な学習の時間は、理想主義的・牧歌的な教育観が前面に出されたものです。「総合的な学習の時間は、ゆとり教育のシンボルであり、学力低下を招いた」と言う人もいます。しかし、この考え方は単純すぎます。ここでは、総合的な学習の時間の問題点を検討してみたいと思います。

第一に、教師の力量です。日本の教師は、そもそも、創造性を重視した教え方に慣れていないし、教わった経験もないから、総合的な学習の時間はうまくいかないだろうといわれます。これは、たしかにあたっている指摘です。教材研究と授業づくりの力量のある教員が集まる一部の学校では、総合的な学習の時間が成功しています。

第二に、教科内容の裏づけがあってこそ、創造的、問題解決的、主体的な調査・発表をベースとした学習が可能になります。総合的な学習の時間は、教科内容と関連づけずにおこなった場合、環境や国際理解など、トピックを工夫しても限界が生じ、どうしても内容が表面的になってしまいます。一方、国際バカロレアの「Theory of Knowledge（ＴＯＫ）：知識の理論」（後述）などをヒントに新たな学びをコンパクトに設定する可能性は、今後探究される価値があります。

第三に、既存の教科の授業時数を縮小し、カリキュラムを細切れにした点です（左の図参照）。総合的な学習の時間の理念、つまり、創造的、問題解決的、主体的な調査・発表をベースとした学習は、既存の教科の授業の特定の単元で、さらには、クロスカリキュラムとして仕掛けるとひじょうに効果的です。過去にも、日本のすぐれた教師は、そのような実践を展開してきました。総合的な学習の時間の導入によって、教科の授業時数から余裕を奪ってしまいました。

新教育課程による中学校第3学年時間割例
（1限＝50分）

	月	火	水	木	金
1	社会	道徳	※1 社会／保健体育	数学	国語
2	英語（25分）／国語（25分）	英語／国語	数学	国語	英語／理科（75分）
3	数学	社会	英語	保健体育	（理科（75分））
4	保健体育	理科	美術	学級活動	技術・家庭
5	音楽	選択教科	選択教科	英語（25分）／※2 総合的な学習の時間／選択教科（75分）	総合的な学習の時間（100分）
6	選択教科			（※2 総合的な学習の時間／選択教科（75分））	（総合的な学習の時間（100分））

※1―社会を35週のうち15週、保健体育を20週実施
※2―選択教科または総合的な学習の時間のいずれかを実施

【出典】文部科学省
「新学習指導要領のねらいの実現に向けて」

「総合学習」の最大の意義

では、総合的な学習の時間は、絵に描いた餅だったのでしょうか。

総合的な学習の時間には、じつは最大の意義がありました。それは、日本全国の教師に、カリキュラム開発の裁量と実践、創造的で問題解決的な学びのデザイン、主体的な調査・発表をベースとした教え方を、経験させたことです。教科内容の裏づけが明確でなかったことが残念ですが、形式的にせよ、とにかく経験した意味は大きいと思います。

今後、知識基盤社会が進展するにあたり、総合的な学習の時間だけでなく、各教科でも、新しい学びを探究する能力が教師に求められます。今後は、総合的な学習の時間を児童生徒として経験した人たちが教師になります。彼らが、二〇〇〇年代に総合的な学習の時間に取り組んだ教師と力を合わせて、新しい学びをデザインすることが期待されます。

何が必要とされているのか

一九九八年改訂学習指導要領で学んだ人たちは、すでに社会人であったり、大学生であったりします。職場で責任あるポジションにつく人もいるはずです。彼らを「ゆとり世代」と呼び、ネガティブな先入観をもって接することは、生産的ではないでしょう。むしろ、どの世代の人たちも、協力して、未来を切りひらくことが望ましいと思います。「ゆとり教育」「ゆとり世代」という言葉は、すでに検討したように、根拠がないことが明らかになりました。「ゆとり教育」「ゆとり世代」という言葉は廃止されることが望ましいです。そのうえで、これからの日本の教育はどのようにしていけばよいのでしょうか。

グローバル対応と平和主義と

第一に、グローバル対応をいっそう進める必要があります。日本の若者たちにもっと身につけてもらいたいことは、多文化社会のなかで生活し、学び、理解しあう能力です。筆者は海外の学校をよく見学します。そこではいつも、子どもたちの、多文化社会で生きるたくましさ（レジリエンス）、朗らかさ、寛容さに感心させられます。グローバル化とよくいわれるようになりましたが、その基本は、自分と異なる文化をもつ他者を理解し、尊重することです。

今日、国際バカロレア認定校の増加施策、スーパーグローバルハイスクール施策が、文部科学省によって進められています。国際バカロレアのプログラムは「異文化理解と尊重の精神を通じて、より良い、より平和な世界の実現のために貢献する、探究心、知識、そして思いやりのある若者を育てること」を目的としています。[6]

高校レベルのディプロマ・プログラムでは、「①言語と文学、②言語習得、③個人と社会、

④実験科学、⑤数学とコンピューター科学、⑥芸術」の各グループに複数の科目（各グループの一科目が必修、合計六科目必修）が設置されており、さらに、「課題論文：学習している科目に関連した研究課題を設定して自ら調査・研究を行い、論文としてまとめる（日本語の場合は八千字）」「Theory of Knowledge（ＴＯＫ）（知識の理論）：学際的な観点から個々の学問分野の知識体系を吟味し、理性的な考え方と客観的精神を養う。さらに、言語・文化・伝統の多様性を認識し国際理解を深めて偏見や偏狭な考え方を正し、論理的思考力を育成する。最低百時間の学習」「Creativity, Action, Service（ＣＡＳ）（創造性・行動・奉仕）：教室以外の広い社会で経験を積み、様々な人と共同作業することにより、協調性、思いやり、実践の大切さを学ぶ。最低百五十時間の学習」(7)が必修となっています。

国際バカロレアを金科玉条にする必要はありません。グローバル化と国の文化・伝統の位置関係の再検討をすることや、グローバル標準化の行きすぎを批判的にとらえることも必要です。しかしながら、グローバル化への対応は、学習者の主体性・能動性を尊重した教育をうながす一つの契機になるでしょう。

第二に、平和主義・基本的人権の尊重・民主主義を積極的に学ぶ機会を保障する必要があります。今日の世界情勢を見れば、平和を維持することがいかに困難かがわかります。また、いくつかの国で、あるいは日本でも、基本的人権が尊重されない事象があることを深刻に考えたいです。そして、民主主義を、いわば空気のように、「いつも当たりまえのようにあるもの」と考えるのではなく、独裁国家にならないために、私たちが民主主義をつねに守っていく姿勢が必要です。そのためには、学校教育・家庭教育・社会教育において、平和主義・基本的人権の尊重・民主主義に関する知識と行動を教えつづけることが求められます。

日本国憲法前文は、「日本国民は、恒久の平和を念願し、人間相互の関係を支配する崇高な理想を深く自覚するのであつて、平和を愛する諸国民の公正と信義に信頼して、われらの安全と生存を保持しようと決意した。われらは、平和を維持し、専制と隷従、圧迫と偏狭を地上から永遠に除去しようと努めてゐる国際社会において、名誉ある地位を占めたいと思ふ。われらは、全世界の国民が、ひとしく恐怖と欠乏から免かれ、平和のうちに生存する権利を有することを確認する」と述べています。私たちは、どのように「平和を維持」できるのでしょうか。どのように「専制と隷従、圧迫と偏狭」を除去できるのでしょうか。

このような問いを深く多面的に思考する機会をつくること、問いに向きあい仲間と共に話しあうことを支援することが、現代教育の土台となります。国際バカロレアでも、平和主義、異文化理解、思いやりが尊重されています。日本国憲法について学び、グローバル対応の教育改革と連携し、平和主義、平和教育を確立する必要があるでしょう。

学力の二極化と高度化するカリキュラムへの対応

第三に、学力の分散・二極化対策が図られる必要があります。日本の学力は、国際的に上位に位置しているものの、二〇〇〇年代以降、「成績中位層が減り、低位層が増加しているなど成績分布の分散が拡大している」傾向がみられています（「中央教育審議会答申」二〇〇八年、一三頁）。これに対して、日本では、教師の「献身性」が高いと指摘されています。[8] その献身性の原理には、「どの子でも潜在的可能性をもっており、その開花を支援する」という思想がありあます。この思想の形成は、大学における教員養成の授業が基盤になっています。このような日本の教師のすぐれた点を継承しつつ、同時に、データを積極的に活用する必要があります。学年や学級で、低学力のグループはどのような特徴をもっており、どのような対策・支援が考えられるのか、教科・学年・学校など組織的にビジョンとアプローチを考案する必要があります。[9]

第四に、二〇〇八年改訂学習指導要領の構造の再検討が必要です。「ゆとり教育で学力低下」という根拠のない批判によって、二〇〇八年改訂学習指導要領では、従来の教育内容の一部が下級学年に移行されました。

小学校の算数に関して、たとえば、二学年では「体積の単位（リットルなど）」「時間の単位（日・時・分）」などが三年生の学習内容から移行し、五年生では「約数・倍数」「分母が違う分数の足し算・引き算」「分数×整数」「分数÷整数」「単位量あたりの大きさ」などが、六年生の学習内容から移行しています[10]。これだけではなく、中学一学年の数学から一部単元が小学校六学年に移行されるなど、全般的に前倒しの傾向があります。算数・数学だけではなく、全教科でその傾向が見られます。

このようなカリキュラムの高度化は、家庭学習における保護者（あるいは家庭教師、塾）によるフォローを前提としている感が否めません。今後、二〇〇八年改訂学習指導要領の実施にともない、カリキュラムの消化不良、学力差の拡大が予想され、中学校、高等学校ではいっそう深刻な問題が露呈すると思われます。当面は、学習指導のいっそうの工夫が求められます。つぎの学習指導要領の改訂では、子どもの発達段階とカリキュラムの適切な対応関係の視点が重要になるでしょう。

「世代フリー社会」に向かって

世代の枠組みを超えて

「ゆとり教育」「ゆとり世代」概念は、本書で検討したように、実体や根拠がないうえに、ネガティブなイメージを多くの若者に与えてしまいました。「ゆとり教育」「ゆとり世代」への反動でつくられた二〇〇八年改訂学習指導要領は、上級学年で教えていた単元を無理に下級学年に移行したところがあります。いずれ、カリキュラムの消化不良、学力の二極化が社会問題になると予想されます。根拠のない「ゆとり教育」「ゆとり世代」批判が、二〇〇八年改訂学習指導要領にも波及し、児童生徒に影響を与えているのです。

「ゆとり教育」「ゆとり世代」概念は、第1章から第4章で指摘したように、根拠のない空虚な言葉であり、廃止したほうがよいでしょう。価値観の多様化が進む今日、同時代に生まれた人びとを世代に一括りにすることに無理があるのかもしれません。「あなたたちの特徴は〇〇だ」という一方的な言説は、人間の個別性を尊重せずに、世代という集団のイメージを流布します。その結果、世代への先入観が社会全体で形成され、当該世代の人びとのあいだに、「本当の自分（たち）は違う」「生きづらさ」という感覚を生じさせます。これらはネガティブな感覚なので、生産的ではありません。そこで、筆者は「世代フリー」概念を提唱します。

ここで、「世代フリー」とは「世代を名づけ、その特徴を流布する言説から自由になること」を意味します。「世代フリー」は、とりわけ、根拠のない不適切な世代言説や世代論からの解放を目指しています。そのことによって、私たちは、世代を集団的・固定的にとらえる思考様式から離脱し、個人や新しい集団（たとえば世代を超えた同じ関心をもつ集団）の志向やニーズに再着目し、新しい発想、着眼点、アイデアを生成することが可能になります。世代間共生はもとより、新しいマーケットの開拓、新たな居場所やビジネスチームの形成など、社会の刷新と活性化にもつながるでしょう。ディズニーランドは「若者だけが行く場所」ではなく、「シニアの人も楽しめる場所」となり、成功していいます。いわば「世代フリー」の成功例といえます。ビジネス、政策形成、学術研究、地域活動のいずれであっても、その質をいっそう豊かにするために、一つのテーマに関して、世代の枠組みを超えて、多角的にアイデアを出しあうことが期待されると思います。

誤った言説を解体する力

「世代フリー」を獲得するためには、世代に関する言説を相対化・検討し、適宜解体するような能力が必要です。不適切な言説をチェックするためには、どのようにすればよいのでしょうか。誰が、いつ、どのように作った言説なのか、という観点は重要でしょう。しかしながら、筆者は、このようなスキルだけでなく、まさに「知の力」、いいかえれば、「視野の広さ」「学識」「研究力」が不可欠であると考えます。やはり、私たち一人ひとりが見識を高めていくことによって、言説を批判的に検討できるようになるのです。

イギリスの哲学者フランシス・ベーコンは、四つのイドラという誤り(思いこみ、偏見)の存在を指摘しました。種族のイドラは天動説のように人間の感覚的錯覚にもとづく誤りを、洞窟のイドラは個人的経験・慣習・性格、生活環境によって生じる誤りを、市場のイドラは不適切な言葉づかいや表現が人の集まるところで伝聞・流布されて起こる誤りを、劇場のイドラは伝統や権威ある思想と学説を絶対的にとらえて生じる誤りを意味します。

ベーコンの四つのイドラをふまえると、「ゆとり教育」「ゆとり世代」言説は、市場のイドラ、劇場のイドラにおもに合致することがわかります。ベーコンが懸念した人間の認識上の誤り（思いこみ、偏見）を私たちが自覚し、日々向きあうことが期待されます。そのような努力の積み重ねによって、「世代フリー社会」の実現に近づいていくと思います。

参考文献

（1）野崎剛毅「学習指導要領の歴史と教育意識」『國學院短期大学紀要』第23巻、二〇〇六年、一六四―一六六頁。
（2）長尾彰夫「学力低下批判のポリティックス分析――教育政策批判としての学力低下論を検証する」、長尾彰夫ほか『「学力低下」批判――私は言いたい　6人の主張』アドバンテージサーバー、二〇〇二年、四〇―四二頁。
（3）西久美子「学校教育に何を求めるか――『教育に関する世論調査』から」、NHK放送文化研究所『放送研究と調査』、二〇〇八年八月号、九四頁。
（4）西村和雄「少数科目入試がもたらしたもの」、岡部恒治・戸瀬信之・西村和雄編『分数ができない

大学生』東洋経済新報社、一九九九年、八—一四頁。

（5）神永正博『学力低下は錯覚である』森北出版、二〇〇八年、九四頁。

（6）国際バカロレア日本アドバイザリー委員会「国際バカロレア日本アドバイザリー委員会報告書——国際バカロレアの日本における導入推進に向けた提言：参考資料集」、二〇一四年四月、六頁。

（7）同上資料集、一〇頁。

（8）Andreas Schleiche,“2012 PISA Results: Why we should care about International Comparisons”, Annual Meeting, American Educational Research Association, April 5, 2014.

（9）学校のビジョンのつくり方については、つぎの文献を参照。淵上克義・佐藤博志・北神正行・熊谷愼之輔 編著『スクールリーダーの原点——学校組織を活かす教師の力』金子書房、二〇〇九年。

（10）Benesse教育研究開発センター「新しい教科書に、ついていけている？——10年前と比べて教科書約1・7倍の算数を例にとって」、二〇一二年一月二十六日、http://benesse.jp/blog/20120126/p1.html

〔対談〕

「ゆとり」批判とは何だったのか、その先に何が見えてきたのか

●世代の葛藤をぬけて共生社会へ

佐藤博志×岡本智周

わかりやすさゆえに力をもった「ゆとり」言説

佐藤▼「ゆとり教育」「ゆとり世代」言説は、パワーのある言説でした。いまでも力をもっています。それはやはり、わかりやすいからでしょう。「ゆとり教育」は学力低下を招く、教育が失敗したのだ、その教育を受けてきたのが「ゆとり世代」であり、彼らの行動を見ていると何か違う、と。教育というものがあいだに入ったために、こうだからこうなったというわかりやすいロジックで、パワフルな言説として流布し、その認識が共有されて、根拠のあるものと思われてしまったんですね。

岡本▼そして、それが一面的な評価しか呼びこまなかった言葉だからですね。すでに書きましたが、「団塊」や「新人類」といえば、その言葉自体、ネガティブな意味ももちなが

らポジティブな意味も呼びこみました。「ゆとり教育」の不幸は、たまたまその言葉がネガティブな評価しか与えられないものにされてしまったところにあります。「ゆとり教育」には、佐藤さんが書かれているようにポジティブな意味もあったし、現にその成果がいま出てきているわけですけれども、それを評価する観点が社会の側に用意されませんでした。世代論としてもネガティブなものとしてしか機能しなかった。それがある意味でのわかりやすさであり、パワフルな言説となった理由ではないでしょうか。

佐藤▼言葉の力は大きいですね。

岡本▼そう思います。その言葉の力を解体したり、再検討して相対化したりすることが、学問のひとつの役割でもあると思います。

佐藤▼今回、共著というかたちで本を書いて、「ゆとり」言説とカリキュラムの問題が流れのなかで通して見えてきたのは収穫でした。また、座談をおこなってみて、「ゆとり世代」といわれてきた人たちが新社会人や大学生になり、当事者として発言して問題を問いなおせるようになったことは大きいと感じました。そのようなタイミングがやっと来たと思います。「ゆとり教育」によって学力が低下するぞと言われたのが一九九八―九九年頃、「ゆとり世代」という言葉が否定的な意味でメディアなどで使われたのが、たしか二〇〇七年頃でした。若い人たちはそれでイヤな思いをしてきたのだということがよくわかりました。

自分たちのおかれた状況を問いなおすということ

岡本▼本の企画段階で、佐藤さんの授業での学生たちのディスカッションのようすを聞いて、私もゼミの学生たちに『ゆとり』と言われることをどのように受けとっているのか」と投げかけてみました。その反応はたしかにホットでした。ただ、「自分たちは『ゆとり世代』である」ということを受け入れたうえでの発言がわりと多かったんです。そして、上の世代との違い、下の世代との違いに、非常にセンシティブになっている二十代前半の人たちがいた。私自身は社会学的な関心から「ちょっと待って」と言いたくなったわけです。「自分たちがおかれている立場を、自分たち自身で見つめなおそう」というのが社会学的な眼差しですが、こと「ゆとり」問題に関しては、それがあまり機能しなくなっていると感じました。そこに、この本を執筆した最初の動機があります。

佐藤▼なるほど、それはわかります。今年、ある授業で『ゆとり教育』を批判的にだけとらえるのは違う」『ゆとり』という呼び方には問題がある」という話をしたところ、しっかり説明したつもりだったんですが、授業後のコメントペーパーには「自分たちはゆとり世代だから、もっとがんばって勉強しなきゃいけない」といった意見が出てきた（笑）。やはり講義形式で話を聞くだけでは、こうしたコメントが出てくるのでしょう。でも、本書の冒頭に書いたように、ディスカッションなどの場をつくり、そこに問いをつくれば、多面的な意見が出てきます。学生は自分のことにひきつけて考え、体験を語り、しかもそこから問題を広げて考えることができた。別の私立大学の授業でも「ゆとり」をテーマにディスカッションをおこなったのですが、たいへん活気がありました。自分で考えてみること、ディスカッションをして友人と体験を共有するなかで意見を言うことは大事ですね。

岡本▼「そもそも論」ができるようになることの効用、意味は大きいと思います。意見をぶつけあうことで、そうしたことが浮かび上がるんでしょうね。「そもそも、なんで、自分たちはそういう状況におかれているんだろう」と。それをすぐに不当と思うかどうかは別としても。階級意識論みたいになってしまいますが（笑）、自らに即するかたちでしか意識されていないものを、自らに対するものとして意識化するための回路を用意しておかなくてはいけない、学生と話していてそうしたことを感じました。

「ゆとり教育」批判の二つの方向性と社会的文脈

岡本▼社会的な文脈でいえば、「ゆとり」というものを、かつてわれわれの社会はあれだけ求めたではないかということがあります。豊かさのオチをどうつけるのか、それはゆとりの獲得だと八〇年代にさかんに言われ、その方向でいろいろなものを制度化し、いざその制度が実現しはじめたときに、状況が変わってきたからといきなり評価を変えてしまった。まさにハシゴをはずされた状態です。しかし、そのなかでも確実に人は育っていて、彼らが生きていく場をそのように設定したことの責任は、社会のなかで果たされる必要があるだろうと。それがこの本を書くにあたっての、もう一方の動機としてありました。

いま、「持たざる者が持たざる者を批判して、さらに持たざる状態にみんながなっていく」といった風潮があります。みんなで生活保護制度を批判し、チキンレースをして、富裕層には痛くも痒くもないところで収奪されやすい状態になっていくような。だから、「ゆとり教育」という環境におかれたことにネガティブな意味を与えているものが何なのかをちゃんと見定めておかないと、ネガティブなものとして受け入れてしまった人同士で、あるいはその前後世代との比較のなかで、つぶしあったり批判しあったりするようなことが起きてくるかもしれない。それは世代間の摩擦としても健全なことではないはずです。

内面化させられた枠組みを対象化することが本書の前半での私のパートの役割で、ある環境下の教育体験がけっしてネガティブなものではなく、ポジティブで有機的な意味もあるということを表現しているのが佐藤さんのパートであると、そんなふうにこの本の内容をとらえています。

佐藤▼「ゆとり教育」批判には二通りあると思います。一つには、教育というのは覚えこませるものという考え方にもとづくもの。そうした考えにたてば、問題解決型学習のようなものは批判するでしょう。もう一つは、九八年学習指導要領の方向性は肯定しつつも、その中身をもっとシャープにして、成果を出すようにしないといけないという考え方によるものです。「〜できる」ということが教育のパフォーマンスであるから、それをもっとハッキリ打ちだしてほしい、ということですね。グローバル経済のなかで、活発に意見を言える能力を求めるような方向性とつながっています。

岡本▼後者の考え方は、その後の文科省の動きに添うかたちで、現在までつながっていますね。一方、前者の詰め込み的教育観は、近代的な産業の労働力を育成するための学校、というイメージを前提にしていると思います。

九五年に日経連（経団連の前身）が新しい雇用のあり方の三類型を打ちだして、非正規雇用を是認する方針が社会に広められるようになりました。よく知られるように、そこから雇用の正規・非正規の区別、業務のアウトソーシングと柔軟型の雇用、企業組織の核になる少数のエグゼクティブ、といった考え方が浸透するようになったわけですが、詰め込み的能力がやはり必要だという主張は、柔軟性のある雇用の対象たる人材を学校教育のなかで育成しておきたいとする文脈とシンクロしているように思えます。それが結局、持たざる者が持たざる者をさらに収奪していくような構造を呼びこんで、『ゆとり教育』は詰め込まないから忍耐力が育たない。自分たちは詰め込まれて苦労してやってきた。君らはそうじゃないからダメなのだ」という論法が出てくるんですね。

協力・協働のあり方とPISAの影響力

佐藤▼いまの若い人たちの、たがいを認めあい協力的なところを私は好ましく感じています。それは、成績評価が相対評価から絶対評価に変わったこと、教え方も変わって、協力しあうことを重んじるようになったことにも関わりがあるだろうと思います。そうした教育や子育てを、ずっと私たちは求めてきたわけですよね。それが実現してきて、いきなりダメだというのはおかしいと思います。

ＰＩＳＡの実施主体であるＯＥＣＤの教育局長、アンドレアス・シュライヒャー氏が、今年七月に新聞のインタビューのなかでこんなことを言っています。

「ゆとり批判は知っている。学力の回復は総合学習の貢献が大きく、その意味で、ゆとりのおかげとも言えるだろう。そもそも『ゆとり』という名前が良くない。ゆとりどころか、生徒も教員も、より多くを求められる。総合学習のため、教員も生徒も、同僚や級友と協力し、関連分野も視野に入れて準備をするので相当大変だ。小学校ではかなりうまくいっているが、中学校では今ひとつのようだ。入試対策にならないからだろう」

（読売新聞二〇一四年七月二日）

岡本▼本のなかでもふれられていますが、ＰＩＳＡ型の力の伸張は、むしろ二〇〇〇年頃からの取り組みによってもたらされているということですね。

佐藤▼二〇〇八年に、学習指導要領が改訂されました。最近、小学校の授業を見ていて感じるのは、競争と協力が同居しているという点です。「助けあいましょう」「助けましょう」と言いつつ、「じゃあ、今度はできた順に手を挙げて」「ハイ、何番でした」と、忙しい。これは不思議な様子だなと思ったのですが、協力と競争の関係と意味を考える必要があるのかもしれません。

PISAには次回から調査項目に「協働型問題解決能力」が入ってきます。協力しあうことを推進しているのですが、これは素朴な協力ではなく、グローバル経済社会のなかでの協力です。それがどういう意味をもってくるか、それが行きすぎたときに注意しておかなければならない問題は何かを、われわれは考えていかなくてはなりません。「PISAリテラシーを飼いならす」という言い方をしている研究者もいます（松下佳代「PISAリテラシーを飼いならす」『教育学研究』第81巻第2号、二〇一四年）。オーストラリアのカリキュラム政策の責任者は、「OECDのキー・コンピテンシーを見ながらも、基本的には、自分たちでカリキュラム政策を策定し、教える内容をクリアにしていく必要がある」と話していました。PISAの与える影響力が強くなりすぎていることへの反発も、最近、出てきています。

一方で、PISAが出てきたからわかったこともありました。たとえば、批評する力と活用する力について、あるいは教え方のスタイルなどです。国際的な学会などでは、

PISAのデータや共通の論点をもとに、各国の研究者が熱心に議論し、問題意識や展望を共有できるようになりました。国際学力テストには、PISAだけでなく、TIMSSもあります。国際学力テストと一定の距離感を保ちながら、どの部分でどのように参考にできるのか、参考にしないほうがよい点は何か、などを考えることが大切です。

二〇二〇年の教育で何が目指されるのか

岡本▼いま、学習指導要領が定められていること自体の意味があまり問われなくなりました。一九五〇年代、当初は「学習指導要領（試案）」とされていたものから「試案」がはずされ、その法的拘束力をめぐって議論されるなかでは、内容についてはもとより、学校教育のスタンダードを定めることの是非も議論されました。それは政治的な背景と密接に結びついていたために、日教組的なものと保守反動といった図式のなかでとらえられてしまいましたが、論点としては大事だったと思います。そういう議論の構えがあったからこそ、学習指導要領を定める側にも説明責任が求められ、変える場合にはその必然性が求められました。それが、二十世紀の終わりごろから違う局面に入ってしまった。今回、新聞に現れる言説をたどってみたとき、やはり二〇〇二年くらいから報じ方のスタンスが変わっていて、その時期からの変化というのは意味が大きいと思えます。

佐藤▼そのころ文科省は、九八年改訂学習指導要領の方向性は維持しつつ、学力の定着を高めようとしました。現場への影響力が大きかったのは、全国学力・学習状況調査が二〇〇七年に始まり、A問題・B問題に分けて出題されたことです。B問題はPISAを意識して活用力を問うために、つくられています。PISAの問題を見たとき、現場の先生たちが「日本の子どもは苦手だよね。ああいうのに慣れていないから」と言いましたが、B問題でその対応を練習するようになった。当時、小学校の教室に行くと、「理由を言いましょう」といった張り紙が目についたものです。ただし、それはPISAではなく全国学力テストのB問題を意識してのことでした。「学力」についても、国際的動向を意識したというよりは、教育委員会が「学力向上」を言ってきていたからですね。

オーストラリアの教育は、二〇〇八年からNAPLANという全国学力テストが入ったことで大きく変わりました。基礎的な試験問題ですが、その準備のためにテストの三週間くらいまえから各学校で練習を積みます。二〇一〇年以降、各学校の結果はウェブサイトで公表されています。ただその一方で、大学入試にも成績が使われている各州の中等教育修了試験は、論述式など、思考力を問う問題が中心です。

中等教育と高等教育の接続のところでどういうテストをするかは、どういう人を育てたいかという理念のひとつの現れだと思います。マークシート試験をうまく解ける人を育てたいのか、文章を書く能力をもった人を育てたいのか。日本では、センター試験の代わりに、早ければ二〇二一年度入試から「達成度テスト(基礎レベルと発展レベル)」が導入されます。記述式問題の導入やコンピュータによる出題・回答については現在検討中のようですが、設問をうまくつくれば、たんなる記憶の結果を問うものではなくなるだろうといわれています。

いま話題になっている国際バカロレアは、マクロ的に見れば、教育改革へのファースト・ステップだろうと思います。おそらく二〇一六年度につぎの学習指導要領改訂があって、二〇二〇年頃に実施される。ほぼ同じ時期にセンター試験がなくなり、達成度テストが導入されます。それがつぎのステップで、そこで問われる能力、そのためのカリキュラムはどういうものになるのでしょうか。OECDのキー・コンピテンシーは、グローバル経済社会のなかで充実した生活を送るために必要な能力を考えてつくられたものです。それをひとつの考えとして、日本はそういう動きを見つつ、つぎの学習指導要領の改訂とセンター試験廃止のなかで、どういう教育理念をつくっていくのか。そこを注目しています。一九九八年改訂学習指導要領は「ゆとり教育」ではなく、二十一世紀社会を意識した創造的・公共的問題解決学習でした。創造的・公共的問題解決学習の考え方は、二〇一六年度に見こまれる学習指導要領改訂でも踏襲されるのではないでしょうか。

世代論をめぐって——区別と差別と共生と

佐藤▼４章の最後に私は「世代フリー」という考えを提示しました。「世代を名づけ、その特徴を流布する言説から自由になること」「とりわけ、根拠のない不適切な世代言説や世代論からの解放」と書いたのですが。たとえば趣味にせよ旅行にせよ、「高齢者向け」という言い方があるように、「世代の枠」という無言の圧力があるのではと感じます。マーケティングの側面が強いとは思いますが、「この世代らしく」「この世代だからこれを」ということを押しつけられるのはどうか。考え方を変えるだけで、もっと自由に生きられるのではないか。趣味などの活動に多世代の人が集まるような場面はすでにあるでしょうが、そうしたことが、職場や地域でも、もっと広がるといいと考えています。

岡本▼そのとき、まずは「年代」と「世代」を整理して考える必要があると思うんですね。たとえば六十代に達したときの身体能力はこう変化するだろうと考えたり、乳幼児の発達に応じて何が必要かを考えたりするのは、ある面では大事なことでもあります。でも、それが行きすぎると問題が出てくる。

人間が社会生活をともにしていくにあたって、他者を認識するとき、社会的カテゴリーで説明することは避けがたくあるだろうと思います。年代・世代をそのまま名指す文脈のなかでそのカテゴリーが使われているときには、ただの区別です。たとえば、何年生まれから何年生まれの人たちはこの学習指導要領で学んだという事実は、ある一つのカテゴリーを確かに構成するし、その人たちが受けた教育内容がこうだったから、つぎの段階の教育ではこういうことを準備しましょうといった検討は必要かもしれない。しかし、働き方や人づきあいのあり方など、別の文脈にまでその区別が持ち越され、しかもその区別を根拠に不当にマイナス評価をされるようなことがあるなら、それは区別ではなく差別になっている。社会的カテゴリーが、もともとそれを発生させた文脈を越境して、別の文脈にまで濫用されてしまった状態が、差別という現象なのではないでしょうか。

その意味では、世代フリーという理念・理想を求めていくことは大事だけれども、一足飛びにそこへ行き着くことができない状況では、いま用いられている世代論について、どこまでその枠組みで語ることのできる話題なのかを自覚してとらえ直す、そのような世代間の理解をすることが、世代間共生のひとつのあり方ではないかと考えます。

佐藤▼そこに根拠のない不適切な言説があると、世代間共生をジャマするわけですね。「ゆとり世代の社員が入ってきた。いやだなあ」といったものはその典型ですが。

岡本▼そもそもたいした根拠がないということが、その場にいるみんなに共有されていれば、カテゴリーのとらえ直しも機能します。でも、「ああ、オマエはゆとりか」と差別している人は、そこに根拠があると思っている。だから、その眼差し自体に背景やからくりがあったと知ることは、他者と関わるうえで有益なのだと思います。違う見方が可能になって、ひょっとしたら世代の枠組みよりも、「同じように将棋が好きだ」なんていう共有点を見出す眼差しに変わるかもしれません。別の枠組みのほうが、目の前の人を理解するときにより大きな意味をもつかもしれない。そのように頭の働かせ方の組み換えがなされていくことが、世代間共生でもあるのではないでしょうか。

佐藤▼そう考えると、「ゆとり世代」と呼んでネガティブに若者をとらえるということは、とてももったいないことですね。社会的にも、個人間の関係においても、もったいない。「この世代だから、こんな感じの人のはず」という思い込みをやめて、一人ひとりがどのような人なのか見ていくようにすると、新たな発見やチャンスがあると思います。

多文化リテラシーと学校教育

佐藤▼海外の多民族都市に行くと、言語や文化の異なる人たちがいるなかで仕事をしたり、学んだり、生活したりするなかで学べるものがあると感じます。そうした社会で得られる力があると。たくましさのようなものといえるでしょうか。文化が違うからわかってもらえなかったということもあれば、違う文化や人を知ることができて楽しいということもあります。そのような経験による多文化リテラシーが、日本人の子どもたちにはもっと必要だと思います。よくいわれるグローバル経済のなかで生きぬく力という側面もあるかもしれませんが、違う国を理解して、違う文化の人たちと共生していけるような多文化リテラシーがとても大事なのではないか。それはPISAでも、センター試験でも測ることのできていないものです。

岡本▼佐藤さんが3章で「自立と共生」というキーワードを出して書かれていますが、そこがひとつの主軸になりうるし、なったほうがみんなが得をするように思います。

その「共生」についてですが、日本のなかで「共生」というものをイメージするときに、葛藤や摩擦やせめぎあいのない状態こそが「共生」だと、とりわけ教育をとおしてイメージさせすぎたのではないか、という指摘が共生社会研究の領域でなされるようになってきています。みんながひとつの輪になっているような理念的イメージがありますよね。もちろんそれは一つの理想として求めていくものだけれども、現実的にはそこに至るまでの段階があって、自分とはあらゆる点での違いをもつ他者と、なんとか折り合いをつけてやっていくしかないというところに、まさに「共生」の課題がある。そのあたりが、多文化リテラシーを語るときに重要なポイントになってくるのではないでしょうか。

私ではない他者、私が属していない集団は、そもそも私とは同一にはなれない。立場も、社会からあてがわれるものも、違うかもしれない。自分もその区別やカテゴリーを使って、他者を見てしまうかもしれない。しかし、その区別やカテゴリーがずっと続くものではないと気づけるチャンスがあることが重要なのだと思います。そのカテゴリーが意味をもたない局面では、私とだれか、私と別の集団が、同じ方向を向いているかもしれないのだと。

佐藤▼わからないことがある、ということをまず知るということでしょうか。抽象化すれば、世代間にもそれがいえると。

岡本▼ええ。わからない・伝わらないということを前提にすることがあっていい。わかりあえるということを共生の前提においてしまうと、いきなりハードルが高くなるけれども、そもそもわからない・伝わらないことがあって、そのなかでもわかってしまう、伝わってしまう、ということのほうが、むしろ多文化リテラシーなのではないでしょうか。

佐藤▼多文化リテラシーについて、オーストラリアの多民族地域にある小学校の校長が面白いことを言っていました。「人工的（アーティフィシャル）な多文化とリアルな多文化に分けて考えたほうがいい」と。人工的多文化というのはたとえば、アングロサクソンしか住んでいない地域の小学校があって、ふだんの学校生活では白人としか接していない。そういう子どもたちを連れて社会科見学で博物館へ行き、先住民の歴史を学んだりする。それはとても大事なことだけれども、経験としては博物館のなかのものを観ることにとどまっていて、日々のリアルなコンフリクトを含んだ経験ではない。でも、多文化コミュニティで育っている子どもはそうではない。その小学校の子どもたちはリアルな多文化を日々経験して育っている。多文化教育では、実際の経験が大事なんだ。――そう校長は言うんですね。日本でも多文化リテラシーと言ったとき、本を読んだり、博物館に行って勉強したりすることはもちろん必要ですが、リアルな経験が必要なのではないでしょうか。

もろろん、多文化社会だからみな共生できているというわけではないですし、多文化リテラシーの育成には地道な実践が必要で、かならずしもそう単純ではないわけですが。岡本さんはアメリカの多文化教育について研究されていますが、そのあたりについてはどうですか。

岡本▼アメリカ社会にはつねに内外から問題が指摘されていて、新しい社会問題もますますあるようです。その意味では、社会に対して教育が働きかけられることはパーフェクトではないと思います。しかし、アメリカの人びとは自分たちの社会を見つめる視点もだいぶもっていると感じます。不平不満の表明も含めて。その視点は教育によって培われたものでしょうし、学校教育が他文化・他民族との共生を目指す状況にあるのと、目指さない状況にあるのとでは、やはり違いがあるのではないでしょうか。アメリカの教育を見ていて学ぶべき点が多いと思うのは、「それを目指す」ということを実際にやっていて、気づきのチャンスを提供しようとしているところです。公民権運動や移民法の改定のあと、六〇年代以降にアメリカの教育はだいぶ変わったといわれるわけですが、人びとのあいだの理解を進めることで、社会に対する意味や力を生んでいると思います。学校教育にはある程度のことしかできないかもしれない、しかし、その程度のことはできるのだ、というところが大事だと受けとっています。

佐藤▼「その程度」のことが、教育の成果としてやはり大事だということができますね。オーストラリアでも六〇年代までは白豪主義といわれ、七〇年代以降に多文化主義といわれます。一九九二年には、連邦最高裁判決で先住民に土地の権利（先住権原 Native Title）が認められました。そうした流れのなかで、六〇年代と現在のオーストラリアはやはり違います。目指すのと目指さないのでは、すごく違うわけですね。学校経営の観点からいうと、最近、管理職や教務主任・学年主任などに多文化的な教育への理解がもっと必要なのではないかという指摘が出てきています。目指す以上、教師や管理職もそれをもっと高めていく必要があります。

世代の問題は共生社会への試金石

岡本▼この「ゆとり世代」問題というのは、多文化リテラシーにおける練習問題であり、試金石でもあるといえるのではないでしょうか。

佐藤▼「ゆとり世代」という言葉すら相対化できないようでは、多文化など理解できないだろうということですね。

岡本▼共生に関するマターは、民族やジェンダーなどさまざまですが、世代の問題というのは、日本社会のなかでは文化摩擦として表に出てきやすいトピックですから。これを私たちの社会が今後どう扱っていくのか、多文化共生・多文化リテラシーに関わらせて最初に取り上げられてよい部分だと思います。

佐藤▼岡本さんは「共生社会」に関する意識調査をされていますね。

岡本▼日本社会のなかで「共生」がどのように理解されているのかを探るために、私の関わっている研究所や組織で二〇一〇年と二〇一四年に調査をおこないました。全国の二千人をサンプルにしたウェブ調査です。そのなかに「共生社会に関する問題として思いうかべるもの」を聞く質問があるのですが、その回答としていちばん多くあがるのが、「若い世代と高齢者の関係」なんです（下図）。選択肢から三つまで複数回答を可としたときに、二千人のうちの一〇一八人がこれをあげました。そのつぎに多くの人があげた「近所の人間関係」をもだいぶ上回っています。「男性と女性の平等」「自然環境と人間の関係」「障害者の社会生活」は、さらにそのつぎに位置づきます。

この傾向は、内閣府の政策研究会が二〇〇四年におこなった「共

［問い］「共生社会」に関する問題としてあなたが思いうかべるのはどのようなことでしょうか。
最もよくあてはまるものをこの中から3つまで選んでお答えください。
※ご存知ない方も、「共生社会」という言葉から思いうかべるイメージをお答えください。
（有効回答者数＝2000）

	回答数	%
1. 近所の人間関係	700	35.0
2. 若い世代と高齢者の関係	1018	50.9
3. 男性と女性の平等	575	28.7
4. 政治的信条の相違	53	2.7
5. 宗教的信条の相違	62	3.1
6. 障害者の社会生活	454	22.7
7. 仕事と家庭生活のバランス	322	16.1
8. 日本にいる外国人の社会生活	121	6.1
9. 企業と消費者の関係	108	5.4
10. 自然環境と人間の関係	514	25.7
11. 都市と農山漁村の関係	165	8.3
12. 日本と世界の国々の関係	144	7.2
13. その他	37	1.8

【出典】筑波大学人間系研究戦略委員会「共生社会に関する調査」二〇一四年

生社会に関する基礎調査」の結果でも表れていました。外国人の問題やジェンダー問題にたずさわっている人からすると、「え?」という印象かもしれませんが。

佐藤▼三つまで選んだうちの優先順位はわからないけれども、「世代」については五一%の人が選んでいるということですね。

岡本▼そうなんです。こうした傾向をもとに、内閣府の共生社会政策でも、子ども・若者の育成・支援や高齢社会対策に力点がおかれています。そのうえで、もう一つ分析結果を見ていただきたいと思います。

「共生社会」の問題として意識される事柄の分布を、「共生社会」という言葉への馴染み深さごとに検討してみました。二〇一〇年の調査の結果ですが、「あなたは、『共生社会』という言葉を聞いたことがありますか。また、その意味についてご存知ですか」と尋ねたところ、「言葉を聞いたこともあり、その意味も知っている」とした人が一一・二%(二二三人)【A群】、「聞いたことはあるが、意味はよくわからない」とした人が四六・六%(九三一人)【B群】、「聞いたことがない」とした人が四二・三%(八四六人)【C群】でした。このグループごとに先ほどの質問への回答の分布を見てみたのです(次頁の図)。

どのグループでも「若い世代と高齢者の関係」がもっとも多くあげられるのですが、A群では「障害者の社会生活」「男性と女性の平等」「自然環境と人間の関係」がそのつぎに多くなり、「近所の人間関係」を上回ります。また、一割以上の人が選ぶ項目の数がB

群・C群より多くなり、「日本にいる外国人の社会生活」などがそれに含まれます。選択は三つまでという制約のなかで、A群ではB群・C群よりも相対的に広く項目が選ばれていることになります。

　ここからは、「共生社会」という言葉の意味を理解している人ほど、多様な事柄を「共生社会に関する問題」の対象ととらえていて、「意味はよくわからない」「聞いたことがない」とする人は、「近所の人間関係」や「世代間の関係」に答えが集中していることがわかります。つま

［問い］「共生社会」に関する問題としてあなたが思いうかべるのはどのようなことでしょうか。
最もよくあてはまるものをこの中から3つまで選んでお答えください。
※ご存知ない方も、「共生社会」という言葉から思いうかべるイメージをお答えください。
（有効回答者数＝1983）

「共生社会」という言葉の認知	A群		B群		C群	
	回答数	%	回答数	%	回答数	%
1. 近所の人間関係	75	33.6	362	39.0	350	42.1
2. 若い世代と高齢者の関係	121	54.3	556	59.8	411	49.5
3. 男性と女性の平等	88	39.5	259	27.9	201	24.2
4. 政治的信条の相違	5	2.2	19	2.0	20	2.4
5. 宗教的信条の相違	11	4.9	25	2.7	29	3.5
6. 障害者の社会生活	90	40.4	272	29.3	145	17.4
7. 仕事と家庭生活のバランス	38	17.0	170	18.3	149	17.9
8. 日本にいる外国人の社会生活	25	11.2	64	6.9	37	4.5
9. 企業と消費者の関係	11	4.9	35	3.8	46	5.5
10. 自然環境と人間の関係	85	38.1	327	35.2	225	27.1
11. 都市と農山漁村の関係	23	10.3	90	9.7	57	6.9
12. 日本と世界の国々の関係	23	10.3	77	8.3	53	6.4
13. その他	2	0.9	3	0.3	4	0.5
回答総数／回答者総数	597/223		2259/929		1727/831	

【出典】早稲田大学リスク共有型共生社会研究所「共生社会に関する調査」二〇一〇年

り、日本社会に生きる人にとって、「共生」と言われるとまずは世代の話が頭に浮かびやすく、そして、「共生社会」という考え方について馴染みが深い人ほど、障害者やジェンダーや外国人に関わる部分にも話題が広がっていくということになります。

世代間の葛藤はそういう意味で、より多くの人にとって、共生の最初の課題になっていますね。話はそこから始まるわけですね。年長者が若者をどうとらえるか、それから、若者が年長者とどう関わっていけるかといったことが、これからの社会をともに上手に動かしていくための鍵になるのだと、やはり思います。

佐藤▼「共生」について深く考えている人ほど、思考の展開があるのですね。世代間共生の観点からすると、「ゆとり言説」について再考することが必要で、この本はそのための視点や材料を示していることになります。ふだん何気なく使っている言葉がどのような影響力をもっているのか。その言葉には妥当性があるのか、ないのか。「ゆとり教育」「ゆとり世代」は空虚な言葉であり、この言説を乗り越えることは、思考の解放と刷新をもたらします。われわれの周りに、「ゆとり教育」「ゆとり世代」と類似の性質をもつ「新しいパワフルな言説」が登場していないか、登場しているとすれば、それはどのような問題構造になっているのか。このような問いを立てて考えてみることが、共生社会に近づくための一歩として、求められているのではないでしょうか。

岡本▼その意味でも、いま二十代になった人たちがこれまでの学びのなかで受けとってきた、「問いを立て、考える」という技法は、じつはいまこそ発揮されるべきなのだと思います。現行の学習指導要領でも「共に生きる力」が重視されているわけですので、後に続く人たちともこの思考のプラットフォームは共有されていくでしょう。身につけてきたものに自信をもって、それを使って自分たちをとりまく社会をとらえ直し、世の中をつくり変えていってほしいと思います。

そしてもちろん、この本でまとめた教育と社会の像が、さまざまな立場のより広範な読者の方々にとっての、現状把握と新たな認識の構築の一助となることを願いたいと思います。

著者紹介

岡本智周
〈おかもと・ともちか〉

1971年生まれ。筑波大学人間系（大学院人間総合科学研究科）准教授。博士（文学）。「教育内容と社会変動の関連」「学校の社会的機能」「教育とナショナリズム」「共生を促す教育的知識の探索と開発」をおもなテーマとして研究をおこなっている。

著書に『国民史の変貌——日米歴史教科書とグローバル時代のナショナリズム』（日本評論社、2001年、第1回日本教育社会学会奨励賞）、『歴史教科書にみるアメリカ』（学文社、2008年）、『共生と希望の教育学』（筑波大学出版会、2011年、共編著）、『学校教育と国民の形成』（学文社、2012年、共著）、『共生社会とナショナルヒストリー——歴史教科書の視点から』（勁草書房、2013年）などがある。

佐藤博志
〈さとう・ひろし〉

1970年生まれ。筑波大学人間系（大学院人間総合科学研究科）准教授。博士（教育学）。「学校経営と子どもの学びのイノベーション」「教育改革の国際比較」「オーストラリアの教育改革と自律的学校経営」「スクールリーダーの専門的力量の開発」「グローバル化と教育の変容」をおもなテーマとして研究をおこなっている。

著書に『オーストラリア学校経営改革の研究』（東信堂、2009年、日本教育経営学会学術研究賞）、『オーストラリアの教育改革』（学文社、2011年、編著）、『学校経営の国際的探究』（酒井書店、2012年、編著）、『教育学の探究』（川島書店、2013年、編著）、『新版　オーストラリア・ニュージーランドの教育』（東信堂、2014年、共編著）などがある。

「ゆとり」批判はどうつくられたのか

世代論を解きほぐす

2014年10月10日　初版印刷
2014年10月23日　初版発行

著者……………………佐藤博志・岡本智周

装幀……………………臼井新太郎

装画……………………たつみなつこ

発行者…………………北山理子

発行所…………………株式会社 太郎次郎社エディタス
東京都文京区本郷4-3-4-3F　〒113-0033
電話 03（3815）0605　FAX 03（3815）0698
http://www.tarojiro.co.jp/
電子メール tarojiro@tarojiro.co.jp

印刷・製本……………大日本印刷

定価……………………カバーに表示してあります

ISBN978-4-8118-0778-2　C0036

■本のご案内

ニュースがまちがった日

高校生が追った松本サリン事件報道、そして十年

林直哉＋松本美須々ヶ丘高校放送部 著●高校生がメディアを逆取材インタビュー！ 冤罪報道はなぜ起こったか。学校そばで起きた事件に疑問を抱いた高校生たちが報道記者の証言集を制作、過熱する事件報道の原点を読み解く渾身のドキュメント●四六判・1800 円＋税

世界が日本のことを考えている

3・11 後の文明を問う――17 賢人のメッセージ

共同通信社取材班 編／**加藤典洋** 解説●震災後、世界の賢人 17 人に「文明を問う」というテーマでインタビュー。そこから聞こえてくる深い問いかけに、私たちはどう答えるのか？ ネグリ、アンダーソン、レスター・ブラウン、シュレーダー・ドイツ元首相、シュワルナゼ・ソ連元外相ほか●四六判・2000 円＋税

学ぶ、向きあう、生きる

大学での「学びほぐし《アンラーン》」――精神の地動説のほうへ

楠原 彰 著●「隣人」や「世界」と向きあって生きるとは？――大学に多くの「現場」をつくりだし、学びを解きほぐしてきた著者の実践と論考。学生たちはアジアを歩き、東北の森に間伐に出かけ、マイノリティ（被差別少数者）をはじめとするさまざまな他者たちと教室で出会う●四六判・2000 円＋税

学校でこそできることとは、なんだろうか

里見 実 著●子どもたちが集まって、ひとつのことがらを、協働的に、持続的に、かつ知的に追究できる場として、学校以外に現在、どのような場があるだろうか。出口のみえない学力論争を超え、「人として育つ」ための学びへ●四六判・2400 円＋税